大学生の学生相談に対する援助要請行動

――援助要請研究から学生相談実践へ――

木 村 真 人 著

風 間 書 房

は じ め に

　わが国において，心理的援助を提供する専門家の存在はより一般的なものとなってきた。高等教育機関においても，多くの大学に学生相談機関が設置されている。しかしながらアメリカの275大学のカウンセリングセンターの利用率の平均が10.9％（Gallagher, 2014）なのに対し，日本の学生相談機関の利用率は5.7％（岩田ら，2016）に過ぎない。この数値を高いと捉えるか，低いと捉えるか。もちろん，学生相談機関がどれだけの学生に利用されているのかを客観的に捉えるにあたって，この来談率・利用率は重要な指標となるだろう。しかし，この数字だけに着目していては，見えてこない側面もある。そもそも大学生は学生相談機関の存在を認識しているのか。悩みを抱えている大学生は，相談する対象として学生相談機関をその選択肢として考えているのか。学生相談機関を利用しようと考えた大学生は，実際に学生相談機関を利用しているのか。利用しようと思いながら学生相談機関を利用しなかった，あるいはできなかった大学生がいるとすれば，それはなぜなのか。大学生自身にかかわる要因があるのか，学生相談機関にかかわる要因があるのか，そのほかにも要因があるか。では，心理的援助を必要としながらも学生相談機関を利用しない，あるいは利用できない学生をどのように理解し，どのように援助・支援を届ければいいのか。このような実践的な疑問・課題に対して，「援助要請（help-seeking）」というキーワードに出会い，それが一つの重要な鍵となると感じた。私自身，学生相談機関のカウンセラーとして，また大学の教員として大学生とかかわる中で，学生相談機関が十分に利用されていないことを痛感してきた。また大学生が学生相談機関に対してネガティブなイメージを持っていたり，利用に対して抵抗感を感じていることを感じてきた。これは大学生に限らず，大学教職員や大学生の保護者におい

ても同様である。大学内に存在する相談機関であるからこそ、大学生にとってより利用しやすい学生相談機関を作り上げるためにどうすればよいのか。本研究の出発点はそこにある。もちろん、本研究でそのすべての疑問・課題が解決できたわけではない。しかしながら、大学の学生相談・学生支援のさらなる充実・発展に向けて、学生相談・学生支援を大学生の視点から捉える援助要請の観点を導入したことにより、今後の学生相談・学生支援の一つの方向性を示すことができたといえよう。本研究についての疑問点や不十分な点については、忌憚のないご意見を頂きたい。本研究が大学生のより充実した学生生活の一助となれば幸いである。

目　　次

はじめに

第1部　大学生の学生相談における援助要請研究 …………… 1
第1章　わが国における学生相談における現状と課題 ………… 3
　　1．現代の高等教育における学生相談・学生支援の現状 ………… 3
　　2．学生相談が抱える課題 ………………………………………… 5
　　3．現代の学生相談に求められるもの …………………………… 6
　　4．学生の立場に立った学生相談 ………………………………… 9
　　5．援助要請の視点の導入 ………………………………………… 10
第2章　学生相談と援助要請 …………………………………………… 14
　　1．援助要請研究の概観 …………………………………………… 14
　　2．学生相談領域における援助要請研究 ………………………… 19
　　3．先行研究の課題および本研究の検討課題 …………………… 23
第3章　本書の目的と構成 ……………………………………………… 28

第2部　学生相談に対する被援助志向性に関連する要因 ……… 31
第4章　【研究1】大学生の被援助志向性と心理的変数との関連 ……… 33
　　1．目的 …………………………………………………………… 33
　　2．方法 …………………………………………………………… 34
　　3．結果 …………………………………………………………… 37
　　4．考察 …………………………………………………………… 42
第5章　【研究2】学生相談に対する被援助志向性と援助不安の関連 …… 48
　　1．目的 …………………………………………………………… 48

2．方法	……………………………………………………	48
3．結果	……………………………………………………	50
4．考察	……………………………………………………	52

第6章　【研究3】大学生の学生相談に対する被援助志向性の予測 ……… 56
　　　1．目的 ………………………………………………………………… 56
　　　2．予備調査 …………………………………………………………… 58
　　　3．本調査：目的 ……………………………………………………… 59
　　　4．本調査：方法 ……………………………………………………… 60
　　　5．本調査：結果 ……………………………………………………… 62
　　　6．本調査：考察 ……………………………………………………… 67

第7章　【研究4】学生相談利用の勧めが被援助志向性に及ぼす影響 …… 72
　　　1．目的 ………………………………………………………………… 72
　　　2．方法 ………………………………………………………………… 72
　　　3．結果 ………………………………………………………………… 74
　　　4．考察 ………………………………………………………………… 80

第3部　学生相談の利用を勧める意識 …………………………………… 83
第8章　【研究5】学生相談の利用を勧める意識に関連する要因の検討 … 85
　　　1．目的 ………………………………………………………………… 85
　　　2．方法 ………………………………………………………………… 86
　　　3．結果 ………………………………………………………………… 88
　　　4．考察 ………………………………………………………………… 90

第9章　【研究6】学生相談利用におけるパーソナル・サービス・
　　　　ギャップ ………………………………………………………… 94
　　　1．目的 ………………………………………………………………… 94
　　　2．方法 ………………………………………………………………… 97
　　　3．結果 ………………………………………………………………… 99

4．考察 ……………………………………………………………… 104

第 4 部　学生相談に対する援助要請行動のプロセス …………………… 111
第10章　【研究 7】学生相談機関に対する大学生の援助要請行動の
　　　　プロセスとその関連要因 …………………………………………… 113
　　1．目的 ……………………………………………………………… 113
　　2．方法 ……………………………………………………………… 116
　　3．結果 ……………………………………………………………… 121
　　4．考察 ……………………………………………………………… 127
第11章　【研究 8】大学生の抑うつ症状経験時の援助要請行動の
　　　　プロセスと関連要因の検討 ………………………………………… 137
　　1．目的 ……………………………………………………………… 137
　　2．方法 ……………………………………………………………… 139
　　3．結果 ……………………………………………………………… 141
　　4．考察 ……………………………………………………………… 144
第12章　【研究 9】大学生の学生相談利用を促す心理教育的プログラムの
　　　　開発 …………………………………………………………………… 146
　　1．目的 ……………………………………………………………… 146
　　2．方法 ……………………………………………………………… 148
　　3．結果 ……………………………………………………………… 151
　　4．考察 ……………………………………………………………… 156

第 5 部　総括―援助要請研究から学生相談実践へ― ……………………… 161
第13章　援助要請研究の学生相談実践への貢献 ……………………………… 163
　　1．本研究のまとめと学生相談実践への示唆 …………………………… 163
　　2．本研究の学生相談実践における意義 ………………………………… 170
　　3．本研究の援助要請研究における意義 ………………………………… 172

第14章 悩みを抱えていながら相談に来ない学生の理解と支援 ………… 174
  1．悩みを抱えていながら相談に来ない学生の理解と支援に向けた批判的
    検討 …………………………………………………………………………… 174
  2．悩みを抱えていながら相談に来ない学生の理解と支援に向けた学生支援
    モデルの提案 ………………………………………………………………… 184
第15章 本研究の課題と今後の展望 …………………………………………… 195
  1．本研究の限界と課題 ………………………………………………………… 195
  2．今後の課題と展望 …………………………………………………………… 196

引用文献 ………………………………………………………………… 201
資　　料 ………………………………………………………………… 217
あとがき ………………………………………………………………… 231

第1部　大学生の学生相談における援助要請研究

　第1部では，まず第1章でわが国における学生相談・学生支援の現状と課題を概観し，その課題解決に向けて，援助要請の視点を導入することの必要性と意義を示す。次に，第2章でわが国における学生相談領域の援助要請研究を概観し，先行研究の課題を明らかにする。第3章で本書の目的と構成を示す。

第1章　わが国における学生相談における現状と課題

1．現代の高等教育における学生相談・学生支援の現状

　2017年度の高等学校卒業者（過年度卒含む）の大学・短大への進学率は57.3％，高等教育機関全体での進学率は80.6％に達し（文部科学省，2017），わが国の高等教育がユニバーサル化段階に入って以降，各大学において学生支援の取り組みがより一層積極的に展開されてきている（川島，2014）。18歳人口の減少の一方で，進学率の増加は入学する学生の多様化につながり，それとともに学生支援へのニーズも多様化している。このような多様化する支援ニーズを受けて，学生支援組織はより広範な領域の支援ニーズに対応すべく，その担当領域を拡大させている（橋場，2014）。

　高等教育機関において，学生支援の果たす役割が増していく中で，学生支援を，大学の使命を果たすための基盤形成に資するという補助的な位置づけだけではなく，組織的かつ戦略的な教育的関与として明確に位置づけていく必要性が提案されている（川島，2014）。大学における学生相談・学生支援体制の望ましいあり方を検討した報告書においても，学生相談・学生支援を大学教育の一環として位置づけている（独立行政法人日本学生支援機構，2007）。大学の質保障システムとしての認証評価制度においても，その評価基準の中に学生支援・学生サービスに関する項目が立てられており（たとえば，独立行政法人大学改革支援・学位授与機構，2011），教育の質保証という観点からも，学生支援は重要な役割を果たしているといえる。さらに大学の情報公開や大学ポートレートの活用により，各大学の学生支援の取り組みや中途退学率等の教育情報が公開され，それらは大学の評価の一つにもなっている。学生の不本意な中途退学者を減らすことは，大学の経営的な側面のみならず，大学

生のその後のさまざまなリスクの低減や大学による教育の質保証という観点からも重要となる。

　学生支援の中心的な役割の一つとして位置づけられる学生相談も同様に，教育の質を保証する上で重要な役割を担っている。事実，日本学生相談学会のガイドラインにおいても「学生相談は，高等教育機関の教育的使命の達成にとって必要不可欠な要素であり，その専門性に基づく活動により教育的使命の達成を担う」とされている（日本学生相談学会，2013）。全国の大学を対象にした調査によれば，学生の相談に対応する独自の組織を有する大学は82.5％，専門性をもつカウンセラーを配置している大学は81.3％にのぼり，多くの大学が専門性に基づく学生相談活動を展開している（独立行政法人日本学生支援機構，2017a）。メンタルヘルスの問題がGPAの低さやドロップアウトの高さを予測すると報告されており（Eisenberg et al., 2009），心理的な悩みやメンタルヘルスの問題への専門的な心理的支援が学業面の支援にもつながるといえ，この点からも専門的な学生相談活動が大学教育に果たす役割が重要であるといえる。

　学生相談活動のアウトカムについての研究報告も，諸外国では盛んになされている。学生相談活動のアウトカムについての説明責任は，学生相談活動が大学組織にどのように貢献するのかを示すことにつながる。Van Brunt（2008）はカウンセリングサービスの利用と在籍継続（retention）との関連について，社会的・情緒的問題を持つ学生はドロップアウトのリスクが高いこと，カウンセリングを受けた学生はそうでない学生よりも在籍継続率が高いこと，カウンセリングは学生が自身の抱える困難に取り組むことや大学を継続することを援助するという3点を指摘している。またChoi et al.（2010）は，大学のカウンセリングセンターを利用したことで，臨床的に意味のある改善が認められた学生は，個人的な問題の改善に加えて，学業面での機能の改善が認められたと報告している。

2．学生相談が抱える課題

このように，学生相談機関が学生支援に果たす役割の重要が高まるとともに，大学組織からの学生相談活動に対する期待は高まっている。この期待される役割に応えるということは，学生相談機関が提供するサービスの量・範囲の拡大というプレッシャーにもつながり，これは日本に限った問題ではない（Meilman, 2016）。高等教育機関における学生相談・学生支援の充実の一方で，学生相談における課題も指摘されている。

全国の大学・短大等を対象とした調査によれば，「悩みを抱えていながら相談に来ない学生への対応」を学生相談における特に必要性の高い課題であると回答した大学は，全体の86.6％にのぼった（独立行政法人日本学生支援機構，2017a）。学修支援においては，単位の実質化，教育の質保証の観点から，さらに「面倒見の良い大学」として，出席状況が悪い学生や不登校の学生に対して，大学全体の取り組みとして学生との面談や保護者に連絡を取るなど，各大学が多様な支援を実施している。しかし，そもそも出席状況の悪い学生や不登校の学生には連絡がつかない，あるいは，相談や面談に来ないため，そのような学生に対してどのように支援すべきかが課題となっている（小島，2014）。またわが国の大学生の23年間にわたる死因の調査からは，1996年から自殺が大学生の死因の1位であること，そして自殺した学生のうち，大学の健康管理センターを利用していた学生は16.0％に過ぎないことが明らかとなっている（Uchida & Uchida, 2017）。

以上のように，学生支援体制の充実・整備を進めても，また専門的な心理的援助が学生に役立つことが明らかであっても，援助や支援を必要とする学生に対して，その援助が届かないのでは意味がない。必要な援助を受けることで効果が得られるにも関わらず，学生がその援助を受けられていない，あるいは大学側が提供できていないのであれば，それは大学が十分な教育を提供できていない，つまり，教育の質を保証できていないということにもつな

がる。これは学生相談のみの課題ではなく，大学全体の課題として捉えることができる。したがって，援助を必要としながら，その援助を求めない，あるいは求めたいけど求めることができない学生の心理や行動を理解し，学生相談および高等教育機関全体がどのように対応・支援していくかを明らかにすることが求められている。

3．現代の学生相談に求められるもの

現代の学生相談に求められるものとして，大きく以下の4点があげられる。

1）教育的側面の重視

わが国の学生相談の歴史をみると，SPS（Student Personnel Services）の理念のもと学生相談活動は始まった。しかし歴史の中で学生相談活動はSPSの一部の機能である心理相談活動に特化して展開していった。大山（1997）は，このような心理相談や精神衛生の一環の治療として学生相談を定義した場合，学生の育っていく姿を捉えきれないばかりか学生相談の機能の固有性を失ってしまうことになるとし，学生相談を「教育機能を妨げる一部問題人格のための治療」ではなく「人格を育てていくための教育的機能」として再考されなければならないと提言している。

吉武（2005）は，学生相談はメンタルヘルスと同義ではなく，メンタルヘルスにも関与するものの，学生の修学・学生生活・進路についての相談・援助活動という重要な役割を担っており，教育の一翼であることがおおむね共通認識とされてきていると指摘している。さらに学生相談機関が心理臨床にのみ特化するモデルに立つならば，全学生のうちの数パーセントのみを対象としていることになり，逆に厚生指導や教育の役割をも重視して教職員との協働や予防活動にも力を注ぐならば，全体の学生を対象としていると認識されることだろうと述べている。

藤原（1998）は新しい学生相談像の基本的視点と輪郭として，1）学生主体

への個別的な相談活動であること，2) 修学問題を主たる接点にした相談活動であること，3) 臨床心理学的な専門的方法による相談活動であること，4) ライフサイクルにおける学生期の意味を考える相談活動であること，5) 全学的な学生教育システムの一環としての相談活動であること，の5つ挙げ，教育的側面を重視している。

齋藤 (2002) は学生相談の最近の動向を展望し，その中で，まず学生相談は大学教育の一環であることが再認識されたことをあげている。さらに，学生相談では学生のニーズを受け止め，個人相談に留まらず，教育的機能を持つプログラムや講義を発案し，企画・実施することが必要であるとしている。

また，メンタルヘルスが学業面に悪影響を及ぼすとの指摘もあり（Backels & Wheeler, 2001），心理相談に関しても教育的側面から捉えていく観点が必要であろう。

以上のように，従来は医療モデルに基づく活動であったが，改めて，学生相談が大学の中に存在し教育的機能を果たすことが求められている。このことは学生相談の今後の改善方策として，「これまで，学生相談機関は，問題のある一部の特別な学生が行くところというイメージが根強くあったが，本来，学生相談はすべての学生を対象として，学生の様々な悩みに応えることにより，その人間的な成長を図るものであり，今後は，学生相談の機能を学生の人間形成を促すものとして捉え直し，大学教育の一環として位置づける必要がある」とした文部省の報告書にも現れている（文部省高等教育局・大学における学生生活の充実に関する調査研究会，2000）。この流れはその後の「大学における学生相談体制の整備に資する調査研究」事業の報告書においても引き継がれている（独立行政法人日本学生支援機構，2007）。

2) サービスの視点

大山 (1997) は，「学生相談」という用語では知的な側面だけでなく情意

も含めた人格的な成長を教育目標とする幅広い教育の領域と理念を充分に表しきれないとし,「学生相談」を「学生サービス」という概念で捉えなおすことを提案している。

また吉武（2005）は，学生支援サービスは国立，私立大学の大学評価にも盛り込まれ，学生相談を含む学生支援サービスについて大学間と大学部局間の競争が進行していき，今後数年の間にも大学間格差，部局間格差は増加していくだろうと指摘している。また学生支援サービスを充実させていく上で学生相談は中核的役割を担いうる位置にあると指摘しており，このことから学生相談活動をサービスとして捉えその内容を充実していくことが今後よりいっそう求められるといえるだろう。

3）全学生を対象にした発達促進的・予防的援助の視点

従来の医療モデルに基づく，一部の心理的な問題を抱えた学生に対して1対1のいわゆる心理的治療を中心とした活動のみなず，学生の発達や成長を援助あるいは教育する側面も学生相談には求められているといえる。また，学生相談が一部の学生のみを対象とするのではなく，全学生を対象と捉える必要があり，その場合には予防的な観点からの援助が求められる。学生は大学生活を通して様々な出来事やストレスに遭遇する。その経験をもとに発達・成長していく学生もいれば，その経験に打ちのめされ悩む学生もいるだろう。予防的な取り組みとして，学生生活で遭遇する問題について授業を通じて働きかける予防教育の試みが実践されている（池田ら，2004）。また大学が教育機関である以上，学生の発達を促す観点からの学生相談活動が必要であろう。

4）コミュニティ・アプローチの視点

吉武（2005）は学生相談の役割として，来談学生へのカウンセリングによる成長発達支援を中心としつつ，もう一つの重要な役割として大学にとって

学生相談機関は大学コミュニティが抱える問題にいち早く気づく感覚器あるいはセンサー部分であると指摘している。また，吉武・池田（2004）は大学コミュニティの課題への学生相談からのアプローチとして，学生個人へのアプローチのみならず，多水準のシステムへの働きかけおよび連携と協働の活動を提唱している。

さらに提供するサービスの内容を検討するとともに，相談に来ない学生への対応を検討することが急務であるといえる。つまり，いくら学生相談がサービスを提供しても，それを利用してもらえなければ意味が無い。この考えは，コミュニティ・アプローチにもつながるものである。

4．学生の立場に立った学生相談

以上のように，わが国の学生相談に求められるものとしては，教育的側面の重視，サービスの視点，全学生を対象とした発達促進的・予防的援助の視点，コミュニティ・アプローチの視点が必要であるといえる。このすべてに共通する観点としては「学生の立場に立った学生相談」が背景にあるだろう。学生の立場に立つとは，サービスを利用する側の学生の視点が必要であると言い換えることができる。つまり，学生が学生相談や援助サービスを利用することに対してどのように捉えているのかということである。そのような学生の認識が実際の学生相談サービスの利用に関連するだろう。学生相談の発展に向けて，学生が学生相談サービスをどのように利用するのか，またどのように捉えているのかを検討することも意義があると考えられる。

大学生にとって学生相談機関は心理的な援助サービスを提供する専門機関として，物理的にもっとも身近な存在であるといえる。しかし，必ずしも心理的に身近な存在とはいえない。これは，学生相談機関に限らず，専門的な心理的援助一般にいえるだろう。もし，学生にとって学生相談機関が利用しづらい存在であるのなら，そのことは適切な援助の提供や利用の遅延を引き起こし，重症化につながることもありうる。いくら学生相談機関がサービス

を提供しても，学生がそれを利用しないのであれば意味がない。事実，以前に比べて学生相談の利用率は増加しているが，諸外国の来談率に比べると低いとの指摘もある（櫻井・有田，1994）。学生相談の利用にあたっては，その利用を妨げる要因や利用しづらい要因があると考えられる。

学生相談活動のモデルを構築し，また様々なサービスを提供しても，それを学生が利用しないのであれば，サービスを提供したことにはならない。Nir and Culter（1978）の「効果的で効率的な治療的介入を開発する前に，援助要請行動を避けるメカニズムを明らかにすることが先決である」という言葉は示唆的である。つまり，学生の立場に立ったサービスの提供が求められていると考えられる。

援助や支援を必要とする大学生に，その必要な援助や支援を届けるためには，援助や支援を提供する側からの視点のみならず，援助や支援を利用する側の大学生の視点に立ち，援助や支援を求めることをどのように捉えているのかを明らかにする必要がある。このような，他者に援助を求める行動は「援助要請 help-seeking」という概念で研究が進められてきた。

5．援助要請の視点の導入

1）援助要請とは

本書では，大学生の学生相談機関の利用を，援助要請の観点から検討する。問題を抱えた学生のすべてが他者に援助を求めるわけではなく，また専門的な相談機関を利用するわけではない。このような潜在的な援助ニーズを持ちながらも他者に援助を求めようとしない現象はサービス・ギャップ（Stefl et al., 1985）と呼ばれ，そのギャップを埋めるべく，援助要請行動の視点から研究が進められてきた。援助要請行動は「問題や悩みを抱えた個人が他者に援助を求める行動」（木村，2008）と定義され，その行動に対する意図や意識・態度などの認知的な側面も含めて，「援助要請」という概念が用いられている。わが国においては，水野・石隈（1999）が諸外国の援助要請研究を

レビューした論文において,「help-seeking preferences」を被援助志向性と翻訳し,その後の,わが国の援助要請研究の端緒となった。被援助志向性とは,援助を求める側である被援助者が,援助を求めることに対してどのように捉えているかを説明する概念であり,「個人が,情緒的,行動的問題および現実生活における中心的な問題で,カウンセリングやメンタルヘルスサービスの専門家,教師などの職業的な援助者および友人,家族などのインフォーマルな援助者に援助を求めるかどうかについての認知的枠組み」と定義されている（水野・石隈,1999）。被援助志向性は援助要請の下位概念と捉えることができる。

援助要請の視点を導入することにより,悩みを抱えた人が他者に援助を求めることをどのように捉えているのかを明らかにすることができる。さらには援助要請を促進・抑制する要因を抽出することにより,サービス・ギャップを埋めるためのアプローチが可能となる。では援助要請の視点を学生相談領域に導入することにどのような意義があるのだろうか。次に,援助要請の視点を学生相談領域に導入する意義について述べたい。

2）学生相談領域への援助要請の視点の導入の意義

援助要請研究は,社会心理学領域の援助行動の研究に端を発している。カウンセリング心理学や臨床心理学では,いかに効果的な援助技法や理論を開発するかといった,援助の内容や方法などの援助を提供する側に主に焦点があてられてきた。一方で援助を求める側に焦点をあてることも必要である。つまり,援助を求める側が,専門的な心理的援助をどのように捉えており,また援助を必要と感じた場合にどのように援助を求めるのか,といった援助を求める事に関する認知や行動に焦点をあてることも重要になる。もし,大学生が専門的な心理的援助である学生相談に対して利用しづらさを感じていたり,また学生相談を利用しない学生の特徴があるとすれば,そのような学生に対してはより積極的な援助が必要かもしれない。

以上のような理由から，援助要請の視点を導入し，学生相談の利用に対する大学生の認識や行動といった援助要請について検討することは意義があると考えられる。大学における学生相談の機能および役割は変化し，学生相談活動を教育活動の一環と位置づける方向に向いている。このことは，従来の，重い病気を抱えた一部の学生への支援のみならず，そのような1対1での個別援助を中心としつつ，全学生を対象とした発達促進的および予防的な援助や支援が必要であることを示している。

　また，現在の大学の転換期，変革期において，今後大学の個別化が進んでいく。国立大学の独立行政法人化，2007年大学全入時代の突入などを経て，今後さらに各大学間の競争は激化していくことが予想される。学生支援サービスが大学評価に含まれていることからも，学生支援についても，今後各大学の個別化，個性化が進んでいくとされ，各大学において，学生の立場に立った学生援助サービスの提供が必須となる。

　学生相談活動の充実にむけて，学生相談をサービスと捉える視点がある（大山，1997；高野・宇留田，2002）ことは前述のとおりであるが，学生への支援および援助をサービスと捉えた場合，サービス利用者である学生の満足度を高めるためには，サービス内容の充実とともに，サービスの提供方法についても検討する必要がある。いくらサービス内容を充実させても，そのサービスがユーザーに利用されなければ意味が無い。そこで，サービスのユーザーである大学生の視点に立った，援助サービスの提供が求められるといえる。学生相談をサービスとして捉えるならば，そのサービスを利用するユーザーの視点は欠かせない。

　では，大学生にとって利用しやすい学生相談機関であるために，あるいはサービスを提供するためには，どのようなことが必要なのか。その問いに答えるためには，大学生がサービスや援助を求めることをどのように捉えているのかを明らかにすることが先決である。この点を明らかにするために，援助要請の視点は有益である。そこで次章では，援助要請に関する研究，特に

学生相談領域における援助要請研究を概観し，先行研究の課題および本研究での検討課題を示す。

第2章　学生相談と援助要請

　本章では，学生相談領域における援助要請研究を概観し，先行研究の限界・課題を明らかにする。

1．援助要請研究の概観

1）援助要請研究のはじまり

　援助要請研究の展開については松井・浦（1998）による説明が詳しい。援助要請研究は援助行動（helping behavior）から発展した。心理学における援助行動の研究は1930年代頃から，道徳性の発達理論や社会的規範理論などによって始まった。援助行動研究が広く注目を浴びたのはLatané & Darley（1970　竹村・杉崎訳, 1997）の実験研究による。1964年にニューヨークで深夜に帰宅女性が襲われた事件では，38名の目撃者がいたにもかかわらず，直接助けることもなく，警察への通報も遅れ，その女性は亡くなった。この事件の目撃者たちの心理を解明するために，実験研究を行い，援助を必要とする人の周りに他者が多く存在するほどかえって援助を受けにくくなる，という傍観者効果（bystander effect）を提唱した。この研究以降，社会心理学者の関心は攻撃や暴力などの反社会的行動から，援助行動などの社会に役立つ行動へ移っていった。その後，社会心理学や発達心理学における援助行動の研究が数多くなされている。

　社会心理学の領域において援助行動は，更なる展開を見せる。それは援助者の心理や援助状況を理論的に精緻化して体系化を目指すアプローチと，より広範な領域へと関心を展開させるアプローチであり，後者のアプローチとして，援助者の心理だけでなく援助を受ける側や要請する側の心理の検討に展開し，援助要請研究へと展開していった。

2) 援助要請研究の3つの流れ

Nadler (1997) は援助要請研究を，社会心理学的研究，疫学的研究，ソーシャルサポート研究の3つの流れに分類している。

社会心理学的研究では，実験的な研究方法が用いられる。実験協力者にある課題をやらせ，課題達成のためには援助が必要となる困難な状況を設定し，その状況での実験協力者の実際の援助要請行動の量や援助要請行動が起こるまでの反応時間を測定する。

疫学的研究では実際の援助要請行動それ自体を測定する。主に医療やメンタルヘルス領域で用いられ，病院やカウンセリングへの来院者数やそれに関連する来院者のデモグラフィック変数を調査して援助要請行動をする人の特徴を明らかにする。日常における対人関係の中での援助要請よりも，専門的な援助に対する援助要請に焦点をあてており，社会経済的地位や教育レベル，年齢といった構造的な変数に焦点をあてる。

ソーシャルサポートの枠組みでの研究では，援助要請をコーピングの一つとみなす。方法論的には，ストレスを抱えたときにサポートを求める意図や，行動について，自己評定で回答を求める。とくに，情緒的な困難状況での，身近な人へのサポート希求に焦点をあてる。

以上の3つ研究は，それぞれ方法論や理論的背景は異なるが，一方ですべてに共通するものがある。それは，人が困難な状況に直面したときに，その問題を解決するために，自分ひとりで解決するのかそれとも他者に援助を求めるのかの意思決定を説明あるいは予測する変数を見出すことを目的としている点である。

3) 援助要請行動のプロセス

援助要請行動を，悩みが生起してから実際に他者に援助を求めるまでの一連のプロセスとしてとらえる視点がある。Gross and McMullen (1983) は様々な領域に共通する一般的な援助要請過程として3段階のモデルを提示し

ている。

　第1段階はある症状や刺激を認識する段階であり，何かしらの援助（対処）を必要とする問題と認識した場合，第2段階に進む。第2段階は問題を受け入れるのか，自分でその問題の解決を図るのか，あるいは他者に援助を求めるかを決定する段階である。他者に援助を求めると意思決定を行った場合に第3段階へ進む。第3段階は，援助要請のための方略を立てる段階で，援助を求めるための方略を立てたり，より効果的な援助を求めるための方略を検討する。

　Fisher et al. (1983) は心理的な問題に対する援助要請に焦点をあて，先行研究をもとに援助要請過程の5段階のモデルを提示している。

　第1段階は「問題の認識と心理的問題の特定」である。心理的な苦痛を軽減させるための方法を考える前には，まず自分自身が問題を抱えており，それが有害な結果を引き起こすと認識しなければならない。つまりこの段階は，自分自身が問題を抱えていることを認識すること，そしてその問題が心理的な問題であると特定する段階である。

　第2段階は，その問題への対処可能性について検討する「対処方法の検討」である。大きく4つの対処方法が考えられ，1) 行動を起こさない，2) 自己解決のための直接的な行動を起こす，3) インフォーマルな援助を求める，4) 専門的な援助を求める，である。1) 〜 3) を試しても十分な結果が得られない場合に，4) を実行する場合もあれば，直接4) を実行する場合もあり，さらに，問題を抱えていることを認識しつつも，対処のための行動を起こさずに，周囲から説得されて専門的な援助を求めるケースもある。

　第3段階は，専門的な援助を求める意志決定をする「援助要請の意思決定」の段階である。専門的な心理的援助を求めることに対しては，肯定的，否定的，あるいは両価的な態度が存在する。専門的な援助要請を行なうことで得られる利益がコストを上回ると判断されたときに援助を要請する意志が決定されると想定される。専門的な心理的援助を求めるかどうかの選択に

は，1) セラピストや相談機関の要因，2) 社会的要因，3) 個人的要因，の大きく3つの要因が関連している。

第4段階は「促進的出来事」であり，実際の援助要請行動に結びつく何かしらの出来事が生じるとされる。たとえば，抱える問題の悪化や心理療法に関しての有効性や利用に関する情報などを得た場合などがあげられる。タイミング良くこのような出来事が起こらない場合は意思決定が保留される。

最後の段階が「顕在的な援助要請行動」である。専門的な援助の必要性を認識し，援助を求める準備ができる。専門的な援助サービスの情報を得たり，予約したりする一方で，さまざまな要因で適切な援助を受けられない場合もある。専門的な心理的援助を受けるにあたっての情報が不足していたり，援助を断られたり，受けた援助に効果がない場合などがあげられる。

様々な援助要請行動のプロセスに関するモデルが提案されているが，大枠のプロセスは，どのモデルもほぼ共通している。

4）尺度について

援助要請に関する変数を測定する尺度は，今までにもさまざまな形のものが作成されている。

もっとも多くの援助要請に関する研究で用いられている尺度は，Fischer and Turner（1970）によって開発された Attitude Toward Seeking Professional Psychological Help Scale（ATSPPHS）である。ATSPPHS は専門的な心理的援助に対する援助要請態度を測定する質問紙である。29項目，4因子からなる尺度で，4週間の再検査による信頼性係数は.82と報告されている。

Fischer and Farina（1995）は ATSPPHS の下位尺度間の相関が高い点，異なる因子構造結果が報告されている点などの問題点を指摘し，1因子構造の10項目からなる短縮版 ATSPPHS を開発した。再検査による信頼性係数は.80，ATSPPHS との相関は.87と十分な信頼性が確認されている。

Kuhl et al. (1997) が開発した Barriers to Adolescents Seeking Help Scale (BASH) は13のカテゴリー，37項からなる質問紙で専門的な心理的援助を求めることに対する妨害要因に焦点をあてたものである。280名の高校生を対象に調査した結果，信頼性は，折半法による信頼性係数が .82，クロンバックの α 係数が .91，2週間の期間をおいた再検査信頼性は .91と十分な信頼性が報告されている。また，専門的な心理的援助を受けた経験のある人のほうが，受けたことのない人よりも BASH の得点が高く，周囲の潜在的な援助者による援助を肯定的に捉えている人ほど，BASH の得点が低いことから，十分な妥当性が確認されたと報告されている。

　Cash et al. (1978) が開発した Intention to Seek Counseling Inventory (ISCI) は大学生がカウンセリングを利用する問題それぞれの内容について，カウンセリングを利用する意図をリッカート法で尋ねる質問紙である。クロンバックの α 係数は .84 (Cepeda-Benito & Short, 1998)，.89 (Kelly & Acher, 1995) と報告されている。

　以上の尺度は，援助要請に対する態度や利用意思などの認知的側面を測定する尺度である。一方，実際の援助要請行動を測定する尺度としては，Wilson et al. (2005) が開発した General Help-Seeking Questionnaire (GHSQ) が挙げられる。GHSQ は大きく，将来の援助要請意図，過去の専門的援助に対する援助要請経験，最近の援助要請行動の構成からなる。将来の援助要請意図では，特定の問題における特定の期間内での潜在的な援助者に対する援助要請意図を測定するものであり，研究の目的により，問題，期間，援助者を設定することができる。過去の専門的援助に対する援助要請経験は，今までメンタルヘルスの専門家から個人的な問題で援助を求めたことがあるか，またある場合には，その回数と専門家の名称，および役立ったかどうかを尋ねる項目からなる。最近の援助要請行動は過去の特定の期間内に，援助を求めたかどうかを尋ねるもので，援助を求めた場合には，どのような問題で援助を求めたか記入してもらう。

5) 援助要請に関連する要因

今までの援助要請研究において，援助要請に関連する要因として多くの変数が見出されている。

水野・石隈（1999）は米国と日本における被援助志向性と被援助行動の研究の動向を概観し，1970年代以降の米国における文献研究から得られた知見をもとに，被援助志向性，被援助行動に影響を及ぼす変数を，1）デモグラフィック要因（性別，年齢，教育レベルと収入，文化背景の違い），2）ネットワーク変数（ソーシャル・サポート，事前の援助体験の有無），3）パーソナリティ変数（自尊心，帰属スタイル，自己開示），4）個人の問題の深刻さ，症状，の4領域に分類している。

援助要請研究の増加により，援助要請に関連する多くの変数が報告されてきたが，近年は，それらの研究知見を統合したメタ分析の結果が報告されるようになってきた。たとえば，Li et al.（2014）は18の研究についてメタ分析を行い大学生のカウンセリングへの援助要請意図に関連する9つの心理社会的変数（専門的な心理的援助に対する態度，ソーシャル・サポート，自己隠蔽，アジア的価値観の遵守，心理的苦痛，パブリック・スティグマ，自己開示，予期される有益性，予期されるリスク）と援助要請意図との関連を検討している。その結果，専門的な心理的援助に対する態度と予期される有益性が援助要請意図と正の関連を，アジア的価値観の遵守，パブリック・スティグマ，予期されるリスクが負の関連を，ソーシャル・サポート，自己隠蔽，自己開示は援助要請意図と有意な関連は示されなかった。

2．学生相談領域における援助要請研究

学生相談領域における援助要請研究は，1）大学生の援助要請のパターンを明らかにする研究，2）学生相談機関に対する援助要請に関連する変数を明らかにする研究，3）大学生の学生相談機関への援助要請を促進する介入研究に分類される。

1）大学生の援助要請のパターン

　大学生の学生相談に対する援助要請の特徴を明らかにするために，他の援助者との比較および抱える問題領域の違いに焦点をあてて援助要請のパターンを明らかにする研究がなされている。

　Snyder et al.（1972）は大学生181名を対象に，13の問題において，7種のヘルパーのうち誰に援助を求めるか調査をした結果，個人的・社会的な問題については友人への援助要請がもっとも高く，2番目が家族であり，カウンセリング・サービスや大学組織の人への援助要請がもっとも低かったと報告している。一方で，職業や学業に関する問題ではカウンセリング・サービスや大学組織の人への援助要請が高かったとしている。

　Oliver et al.（1999）は大学生248名を対象に援助要請と心理的な問題の深刻度，デモグラフィック変数との関連を検討した結果，大学生はカウンセラーや教員といったフォーマルなサポートよりも友達や家族といったインフォーマルなサポートの方を利用すると報告している。また，全般的に男性は女性より援助を求めないが，男性も女性も援助を求めるパターンは同じであり，友人，家族，異性のパートナー，牧師，教師，カウンセラーの順であった。

　わが国においても似たような知見が得られており，早川ら（1994）は大学生771名を対象に調査を実施し，困っていることに対し実際に相談している相手は，「友人」がもっとも多く，次に「母親」であり，「専門家」はもっとも少なかった。

2）学生相談機関に対する援助要請に関連する変数

　学生相談機関に対する援助要請に関連する変数は，個人の要因，学生相談機関の要因，コミュニティ要因に大きく分類される。木村（2014）はわが国の学生相談領域における援助要請研究をレビューし，援助要請に関連する変数を，「個人の問題の深刻さ・症状・認識」，「心理学的変数」，「デモグラ

フィック変数」,「ネットワーク変数」,「学生相談機関に関連する変数」,「その他」の 6 つに分類しているが,「個人の問題の深刻さ・症状・認識」,「心理学的変数」,「デモグラフィック変数」は「個人の要因」,「ネットワーク変数」は「コミュニティ要因」,「学生相談機関に関連する変数」は「学生相談機関の要因」に当てはまる。

個人の要因を検討した研究として,Kahn and Williams（2003）は大学生における大学のカウンセリングセンターの実際の利用を予測する変数を検討するために,大学生320名に調査を実施し,さらに 2 年後のフォローアップ調査で53名に調査（そのうち 2 年間で実際にカウンセリングセンターを利用した学生 8 名）を実施した。カウンセリングセンターの利用を,自己隠蔽,ソーシャル・サポート,問題の深刻さ,援助要請に対する態度の 4 変数で予測した結果,有意に予測したが,その中で有意に予測していた変数は援助要請に対する態度だけであったと報告している。

学生相談機関の要因として,まず学生相談機関の名称が挙げられる。Salisbury（1972）は大学のカウンセリング・サービスの名称とリファーに適切であると感じる問題の種類との関連を検討している。「guidance center」,「counseling center」,「psychological services」の名称に対して,学業の問題,社会的個人的な問題,職業の問題の 3 つの問題を抱えた場合,どの機関が適しているかを尋ねた結果,学業と職業の問題では「guidance center」の選択が高く,社会的・個人的問題では「counseling center」が高かった。また「counseling center」は学業の問題でも高かったが,職業の問題では「guidance center」よりかなり低かった。「psychological service center」は社会的個人的な問題で高かった。Sieveking and Chappell（1970）は「counseling center（CC）」と「psychological center（PC）」の名称に対する大学生の反応を調査した。その結果,CC は発達促進的なサービスを提供するところと認識されており,また PC の方が CC より深刻な問題を扱うと認識されているとし,相談機関の名称が,利用者が持ち込む問題を決めて

いると指摘している。

　わが国では木村（2005）が学生相談機関の名称と援助要請との関連を検討している。わが国で多く用いられている相談機関の名称の「学生相談室」「カウンセリング・ルーム」「保健管理センター」を取り上げ，5つの問題領域におけるそれぞれの相談機関への被援助志向性を比較した結果，「学業」・「進路」・「日常生活面」の問題では「学生相談室」，「心理・社会面」の問題では「カウンセリング・ルーム」，「健康面」の問題では「保健管理センター」への被援助志向性が高かったと報告している。

　他には，木村（2006）は，学生相談機関が提供するサービス形態（1対1，電話，電子メール，グループ，講義）によって被援助志向性が異なるかどうかを検討し，1対1の形態での学生相談に対する被援助志向性がもっとも高く，電話がもっとも低かったと報告している。高野ら（2007）は来談の促進・阻害要因を明らかにするために，学生相談機関の来談学生に自由記述の回答を求め，KJ法で分析した結果，阻害要因として，「相談所を利用する際の不便さ」「プライバシーの保護についての心配」「相談員の対応についての不安」といった，学生相談機関に関わる要因を指摘している。

　以上のように，援助を要請する側である大学生個人の要因と，援助を提供する側の学生相談機関の要因に加え，コミュニティ要因が挙げられる。コミュニティ成員の援助要請に対する意識はその一つである。Chen et al.（2016）は，大学生のキャンパス風土の知覚に着目し援助要請との関連を検討した。その結果，大学生が知覚するキャンパス成員の専門的な心理的援助要請に対する態度が，個人の心理的援助要請に対する態度を媒介して，援助要請意図に影響を与えることを報告している。

3）大学生の学生相談機関への援助要請を促進する介入研究

　学生相談機関の利用を促す取組は，各大学で行われているが，近年，学生相談に対する援助要請を促進する介入研究がなされている。学生相談機関の

ガイダンスの効果(伊藤，2011)，学生相談機関のカウンセラーが担当する講義の効果(高野ら，2014a)，学生相談機関のカウンセラーのビデオ映像の効果(中岡ら，2012)，学生相談機関のリーフレット・学生相談だより・学生相談室入室の効果(吉武，2012)など検討されている。

3．先行研究の課題および本研究の検討課題

大学生の学生相談に対する援助要請に関する先行研究から，以下の検討課題が挙げられる。

1）大学生の学生相談機関に対する援助要請に関連する要因についての知見の蓄積・基礎的研究の必要性

まずは，わが国における大学生の学生相談機関に対する援助要請についての基礎的なデータの蓄積が挙げられる。わが国においても援助要請研究が増加し，知見が蓄積されてきたが，大学生の学生相談機関に対する援助要請については，まだ十分な知見が蓄積されておらず，他の領域での援助要請研究で関連が指摘される変数についてもさらなる検討が必要である。

また，コミュニティ・アプローチの視点の必要性は前述したとおりであるが，そのような視点からの取り組みの一つとして，学生相談からの専門的な援助だけでなく，学生同士がお互いを援助しあうピア・サポートなどのインフォーマルな援助者を利用する援助システムの開発が挙げられる。内野(2003)は大学における学生による学生のための相談活動として開設されたピア・サポート・ルームの活動を報告している。このような学生同士の援助はソーシャル・サポートの一つと捉えることができる。大学生を対象にしたソーシャル・サポート研究を見ると概ね，ソーシャル・サポートが精神的な健康に対して肯定的な効果を生むという結論が得られており(堀野・森，1991；和田，1992；福岡・橋本，1997)，専門的な援助と共に，ピア・サポートをはじめとしたインフォーマルな援助も大学生のメンタルヘルスを高める方

法として有効であると考えられる。

　ピア・サポートのような，潜在的な援助者となりうる社会資源を利用したインフォーマルな援助システムが有効に機能するには，大学がそのシステムを構築する必要がある。しかしながら，いくらシステムを構築しても，学生に利用してもらわなければ意味がない。事実，Nadler（1998）は社会的に類似した立場の人には援助を求める際に脅威を感じ援助を求めないと報告しており，学生同志によるピア・サポートは利用されにくい可能性がある。

　また，大学生にとって重要なサポートを提供しうると考えられるインフォーマルな援助者として家族が挙げられる。ソーシャル・サポート研究から，友人と並び家族は重要なサポート源であるとの報告がなされている（嶋，1991）。

　以上のように，大学生にとって，援助を必要と感じた場合には，フォーマル，インフォーマルを含め，多くの援助者が選択肢として考えられる。したがって，大学における専門的援助機関である学生相談に加え，ピア・サポートの供給源となりうる友人，さらに大学生にとって身近なサポート供給源である家族への大学生に対する援助要請についても検討する必要がある。

2）周囲の友人に学生相談の利用を勧める意識と行動への着目

　大学生が学内の学生相談機関を利用する経緯は様々である。自発的に来談する学生もいれば，周囲の人から利用を勧められて来談する場合もある。自らで解決できない悩みや問題を抱えた際に適切なサポートや援助を受けることは，大学生に対するコミュニティ心理学的介入の上で大切である（久田，2000）。援助を必要としながらも学生相談機関の利用をためらう人や回避する人に対しては，必要とされる適切なサポートや援助を受けられるよう，本人の自発的な来談を待つだけでなく，周囲からの働きかけにより学生相談機関の利用につなげていく援助も必要であろう。Cusack et al.（2004）は専門的な心理的援助を受けた男性の96％は，援助要請行動の意思決定に他者の助

言が影響していたと報告しており，学生相談室を含めた専門的な相談機関の利用にあたっては，その意思決定において周囲の人物が与える影響は大きいと考えられる。現在，援助要請研究は援助要請に関連する要因を模索する研究から，援助要請に介入する視点へと転換することが指摘されている（水野，2007）。このことからも，他者に専門的な相談機関の利用を勧める意識・行動の研究は，援助要請への介入を検討していく上でも重要であると考えられる。

3）援助要請行動のプロセスに着目した検討

　従来の研究では援助要請や被援助志向性の変数として，他者に援助を求めることへの意図や行動を取り上げ，その変数に関連する要因が検討されてきた。しかし，援助要請行動は問題が生起してから実際に援助を求めるまでにいくつもの意思決定段階を含む一連のプロセスである（Gross & McMullen, 1983）。したがって意図や行動という変数のみを検討することは，援助要請行動のプロセスのうちのある一段階に着目しているに過ぎない。Gulliver et al.（2010）は若者のメンタルヘルスの問題における援助要請研究をレビューしたうえで，援助要請行動のプロセスにおける各段階で，その意思決定に影響する要因は異なるかもしれず，それらの要因を明らかにすることが今後の課題であると指摘している。このことから，大学生の援助要請行動に関連する要因を検討する場合にも，援助要請行動をプロセスの枠組みから捉え，プロセスの各段階における意思決定に影響する要因を明らかにする必要がある。

　学生相談機関に対する援助要請行動をプロセスの観点から捉え，各段階における意思決定について検討した研究として，高野・宇留田（2002）がある。同研究は，日常生活中の様々な問題場面での援助要請の意思決定プロセスをフローチャート形式で示した相川（1989），カウンセリングを受ける行動が生起する意思決定プロセスをモデル化した久田（2000）を参考に，学生

相談機関の利用に至るプロセスをモデル化した。その結果，問題の認識と査定，援助要請の意思決定，実際の援助を受ける段階という3段階からなる意思決定プロセスモデルを作成した。問題の認識と査定の段階では，学生生活における問題への気づき，および深刻さ・自力での解決可能性の査定がなされる。問題があったとしても，深刻でない，あるいは自力で解決可能と判断されれば援助要請はなされない。続く援助要請の意思決定段階では，学生相談機関に対して援助要請を行った場合と行わなかった場合のコストと利益の査定がなされ，両者のバランスにより援助要請をするかどうかが決定される。援助を受けないと決定されると前段階に戻り，問題の査定が再び行われる。

　このように，援助要請行動のプロセスをモデル化した研究はわが国においてもなされているが，各段階の意思決定と関連する要因について定量的に検討した研究は限られており，どのような変数がプロセスを先に進め，援助要請を促進することができるのかは十分に検討されていない。援助要請行動プロセスの諸段階に関連する要因を検討した研究として，Sakamoto et al (2004) がある。Sakamoto et al. (2004) は日本の高齢者を対象に，抑うつと自殺念慮の問題における発症から受診までのプロセスを促進する要因について定量的な検討を行った。場面想定法を用いて抑うつおよび自殺念慮の状態になったときにどのように行動するかという援助要請の方法を問い，その回答に基づいて回答者の援助要請のレベル（水準）を分類している。援助要請のレベルは，レベル1「変ではない／何もしない」から始まり，レベル2「変だと思うが相談しない」，レベル3「非専門家に相談する」，最後にレベル4「専門家に相談する」が設定された。そして，次のレベルへ移行するための境界として，各レベル間にフィルター1（症状の認知），フィルター2（援助希求），フィルター3（専門家への相談）が設定された。ロジスティック回帰分析を用いて検討した結果，抑うつの状態では，フィルター2の誰かに助言を求めることと身内と会う機会の多さが，フィルター3の専門家への相

談と「心の健康づくり教室」への参加の多さが関連を示した。自殺念慮の状態では，フィルター2の誰かに助言を求めることと抑うつ得点の低さ・日常生活における外出の多さが，フィルター3の専門家への相談と年齢の若さ・性別（男性）・「心の健康づくり教室」への参加の多さが関連を示した。

　大学生においても，援助要請行動のプロセスの各段階で関連する要因が異なるとすれば，個々の学生がどの段階にあるかを踏まえたうえで，特定の関連要因に焦点をあてたプロセス促進のための働きかけが効果的であると考えられる。そのためには先行研究で検討されたような変数が，プロセスのどの段階にどのように影響しているのかを明らかにしなければならない。

4）学生相談実践上の課題解決に資する研究知見の提供

　「悩みを抱えていながら相談に来ない学生への対応」が，多くの大学において，学生相談の今後の必要性の高い課題として捉えられていることは前述のとおりである。臨床実践上の課題に，援助要請研究の知見がどのように貢献するかを示すことは，学生相談活動の充実という臨床実践への貢献に加えて，援助要請研究の理論・実践面のさらなる発展につながるだろう。

　以上の検討課題を踏まえ，本研究は行われた。次章で本書の目的および構成について述べる。

第3章　本書の目的と構成

これまでの議論を踏まえ，本書では主に以下の4点について検討することを目的とする。

1. 大学生の学生相談に対する援助要請の特徴，およびその関連要因を明らかにする（第2部）。
2. 大学生が友人に対して学生相談の利用を勧めることをどのように捉えているかを明らかにする（第3部）。
3. 大学生の学生相談への援助要請行動をプロセスの視点から捉え，その特徴を明らかにする（第4部）。
4. 悩みを抱えていながら相談に来ない学生の理解と支援に向けた学生支援モデルを提案する（第5部）。

まず第2部では，大学生の学生相談に対する援助要請の特徴，および援助要請に関連する要因を明らかにすることであり，学生相談実践における基礎的な研究として位置づけられる。第4章では，大学生の援助要請の特徴を明らかにするために，援助要請の対象として，学生相談と，インフォーマルな援助者である友人・家族を取り上げ比較する。さらに援助要請に関連する要因として他の領域の先行研究で関連が指摘されている，デモグラフィック変数，悩みの深刻度，自尊感情，自己隠蔽，援助不安，学生相談室の認知度を取り上げ，援助要請との関連を検討する。第5章では，援助要請の男女差が先行研究で指摘されていることから，大学生の学生相談に対する援助要請における性差に着目した検討を行う。第6章では，大学生を取り巻く周囲の人々の要因が学生相談に対する援助要請にどのように影響を及ぼすかを明ら

かにするために，Theory of Planned Behavior（Ajzen, 1991；以下 TPB）を援用し検討する。第7章では，大学生を取り巻く周囲の人物からの学生相談利用の勧めが，援助要請にどのように影響を及ぼすかを検討する。

次に第3部では，第2部において学生相談への援助要請の促進に向けて，周囲の意識や周囲からの利用の勧めが関連していることが明らかとなったことから，大学生が友人に対して学生相談機関の利用を勧めることをどのように捉えているのかを明らかにする。また自分自身が利用する場合と友人に利用を勧める場合とでどのような違いがあるのか（パーソナル・サービス・ギャップ）を検討する。まず第8章では，大学生の友人に学生相談機関の利用を勧める意識に関連する要因を検討する。次に第9章では，自分自身が学生相談機関を利用する意識と，友人に学生相談の利用を勧める意識を比較し，パーソナル・サービス・ギャップが存在するかどうかを検討する。

第4部では大学生の学生相談に対する援助要請行動を理解するにあたり，援助要請行動をプロセスの観点から検討する。援助要請行動は悩みが生起してから，実際に他者に相談するまでの様々な意思決定がなされる一連のプロセスと捉えることができる。そこで，大学生の学生相談機関の利用を援助要請行動のプロセスから捉え，その特徴およびそれぞれのプロセスのステージにどのような特徴があるかを明らかにする。その上で，プロセスのステージをふまえた，心理教育的な介入プログラムを開発する。まず第10章では，大学生の学生相談機関への援助要請行動のプロセスを明らかにするために，抑うつと自殺念慮の問題を取り上げ，場面想定法を用いた検討を行う。第11章では，実際に抑うつ症状を抱えた際にどのように行動したかを，援助要請行動のプロセスの観点から検討する。そして第12章では，援助要請行動のプロセスの観点から，援助要請行動を促進するための心理教育的プログラムを開発し，その効果検討を行う。

最後に第5部では，援助要請研究の知見を学生相談実践にどのように展開していくのかを検討・提案する。さらに今後の学生相談領域における援助要

請行動の課題と展望を示す。第13章では，本研究の学生相談実践への貢献について整理する。第14章では，本書の研究成果を踏まえ，悩みを抱えていながら相談に来ない学生の理解と支援のための学生支援モデルを提案する。最後に，第15章では，学生相談領域における援助要請研究の展望と課題を示す。本書の構成は Figure 3-1 のとおりである。

第1部 大学生の学生相談における援助要請研究	第1章 第2章 第3章	わが国における学生相談における現状と課題 学生相談と援助要請 本書の目的と構成
第2部 学生相談に対する被援助志向性に関連する要因	第4章 第5章 第6章 第7章	【研究1】大学生の被援助志向性と心理的変数との関連 【研究2】学生相談に対する被援助志向性と援助不安の関連 【研究3】大学生の学生相談に対する被援助志向性の予測 【研究4】学生相談利用の勧めが被援助志向性に及ぼす影響
第3部 学生相談の利用を勧める意識	第8章 第9章	【研究5】学生相談の利用を勧める意識に関連する要因の検討 【研究6】学生相談利用におけるパーソナル・サービス・ギャップ
第4部 学生相談に対する援助要請行動のプロセス	第10章 第11章 第12章	【研究7】学生相談機関に対する大学生の援助要請行動のプロセスとその関連要因 【研究8】大学生の抑うつ症状経験時の援助要請行動のプロセスと関連要因の検討 【研究9】大学生の学生相談利用を促す心理教育的プログラムの開発
第5部 総括—援助要請研究から学生相談実践へ—	第13章 第14章 第15章	援助要請研究の学生相談実践への貢献 悩みを抱えていながら相談に来ない学生の理解と支援 本研究の課題と今後の展望

Figure 3-1　本書の構成

第2部　学生相談に対する被援助志向性に関連する要因

　第2部では，大学生の学生相談に対する援助要請の特徴，および援助要請に関連する要因を明らかにする。第4章では，大学生の援助要請の特徴を明らかにするために，援助要請の対象として，学生相談と，インフォーマルな援助者である友人・家族を取り上げ比較する。第5章では，大学生の学生相談に対する援助要請における性差に着目した検討を行う。第6章では大学生を取り巻く周囲の人々の要因が学生相談に対する援助要請にどのように影響を及ぼすかを明らかにするために，TPB（Ajzen, 1991）を援用し検討する。第7章では，大学生を取り巻く周囲の人物からの学生相談利用の勧めが，援助要請にどのように影響を及ぼすかを検討する。

第4章 【研究1】大学生の被援助志向性と心理的変数との関連

1．目的

　研究1では，大学の学生相談における効果的な援助サービスを提供する視点から，大学におけるフォーマルな援助者である学生相談だけでなく，インフォーマルな援助者である友達と家族への被援助志向性にも焦点をあて，それぞれの被援助志向性の違いを明らかにし，さらに，被援助志向性に関連する心理的変数を，学生が抱える問題領域ごとに検討することを目的とする。

　被援助志向性に関連する心理的変数としては，本研究では自尊感情，自己隠蔽，援助不安，問題の深刻度を取り上げる。Nadler（1998）は援助要請に関する研究をレビューし，被援助志向性と自尊感情の関連について2つの仮説があると指摘している。一つは自尊感情の低い人は援助を求めることで，さらに傷つくことを恐れて援助を求めないとする「傷つきやすさ仮説」であり，もう一つは自尊感情の高い人が，他者に援助を求めることは，現在の自己が持っている高い自己認知との一貫性がなくなるので，援助を求めないとする「認知的一貫仮説」である。

　自己隠蔽とは，河野（2000）によれば「否定的（negative）もしくは嫌悪的（distressing）と感じられる個人的な情報を他者から積極的に隠蔽する傾向」と定義されている。Kelly and Achter（1995）は，心理学専門家に対する態度と自己隠蔽との関連について検討するため大学生を対象に調査を行い，自己隠蔽度が高い人の方が，被援助志向性は低かったと報告している。しかし，17の問題領域（専攻を決める，うつ，対人関係など）について学生相談室のカウンセラーに相談するかどうかの意図に関しては，自己隠蔽度が高いほう

が肯定的であったと報告している。またCepada-Benito and Short（1998）は大学生を対象に調査を行い，今までに必要だと思いながらも専門的心理援助を求めることができなかった人の割合は，自己隠蔽度の高い人のほうが高かったと報告している。

援助不安とはKushner and Sher（1989）やDeane and Chemberlain（1994）らによって指摘されている概念であり，援助を求める際に生じる主観的な不安である。Kushner and Sher（1989）は大学生を対象に調査を行い，治療回避群の援助不安が高かったと報告している。Deane and Chemberlain（1994）も大学生を対象に調査を行い，援助不安が高いと被援助志向性が低かったと報告している。日本においても，水野・今田（2001）が大学生を対象に援助不安の一つである，援助を求めた時に援助者が呼応的に対応してくれないのではないかという，呼応性の心配が高い群の方が，低い群より被援助志向性が低かったと報告しており，先行研究においては概ね援助不安と被援助志向性の負の関連が指摘されている。

本人が抱えている問題の深刻さ，症状については，被援助志向性と正の関連を報告する研究が見られる（Komiya et al., 2000; Phillips & Murrell, 1994; Rickwood & Braithwaite, 1994）。

2．方法

1）調査対象と手続き

4年制大学人文学部の1年生から4年生の学生を対象に，2002年6月から7月にかけて，『哲学』，『福祉心理学入門』の講義の時間内を利用し質問紙調査を実施した。記入された質問紙はその場で回収された。計298名（男性139名，女性157名，不明2名）からの回答が得られ，その中から欠損値を含む票，回答が雑な票を除外し，計239名（男性106名，女性132名，不明1名）のケースを有効回答とした。有効回答率は80.2％であった。平均年齢は，18.8歳（$SD=0.98$）であった。

2）質問紙

調査で用いた質問紙の構成は以下の通りである。

基本的属性 調査対象者の属性として，性別・年齢を尋ねた。性別は男性に０点，女性に１点を与えた。

被援助志向性 大学生が，自分で解決できない悩みを抱えた場合に，誰に援助やサポートを求めようと思うか，という被援助志向性を測定するために，「対人関係」，「性格・外見」，「進路・将来」，「恋愛・異性」，「健康」，「学力・能力」，の６つの悩みをとりあげ，「あなたがもし１）〜６）のような悩みを抱え，自分自身で解決できない場合，誰に援助・サポートを求めますか」と尋ねた。悩みごとに，援助・サポートを求める相手として，a．学生相談室，b．友達，c．家族，を取り上げ，それぞれについて，「１：まったくあてはまらない」〜「５：非常によくあてはまる」の５件法で回答を求めた。この質問で得られた得点を被援助志向性得点とする。

今田ら（1999），三浦ら（1999）はそれぞれ中学生，高校生の持つ悩みを「学習面」，「心理・社会面」，「進路面」，「健康面」，「その他」に分類している。また水野・今田（2001）の大学生の新入生を対象とした被援助志向性の研究では，問題領域として「学習」，「健康」，「対人関係」，「住居・経済」，「情緒」を設定している。これらの分類を参考に，大学生の悩みの分類ついて心理学研究者２名と心理学専攻の大学院生２名で話し合った。その結果，「対人・社会面」，「心理・健康面」，「修学・進路面」の問題領域を設定した。そして，それぞれの問題領域の悩みとして「対人・社会面」の問題領域に「対人関係」と「恋愛・異性」の悩みを，「心理・健康面」の問題領域に「性格・外見」と「健康」の悩みを，「修学・進路面」の問題領域に「進路・将来」と「学力・能力」の悩みを設定した（Table 4-1）。

悩みの深刻度 現在抱える悩みの深刻度を測定するために，「対人関係」，「性格・外見」，「進路・将来」，「恋愛・異性」，「健康」，「学力・能力」，を取り上げ，それぞれの悩みについて，「１：全く悩んでいない」〜「５：非常

Table 4-1　設定された問題領域と悩み

問題領域	設定された悩み
対人・社会面	対人関係に関する悩み 恋愛・異性に関する悩み
心理・健康面	性格・外見に関する悩み 健康に関する悩み
修学・進路面	卒業後の進路や将来のことに関する悩み 学力・能力に関する悩み

に悩んでいる」の5件法で回答を求めた。

自尊感情　Rosenberg（1965）によって開発された自尊感情尺度を山本ら（1982）が翻訳したものを使用した。10項目からなる尺度で，「1：あてはまらない」～「5：あてはまる」の5件法で回答を求めた。得点が高いほど，自尊感情が高いことを示す。

自己隠蔽　Larson and Chastain（1990）によって開発された自己隠蔽尺度（Self-Concealment Scale）を河野（2000）が翻訳，改良し作成した日本語版自己隠蔽尺度（Japanese Self-Concealment Scale: JSCS）を使用した。河野（2000）の大学生580名を対象にした研究では α 係数.85の信頼性が得られている。質問項目は12項目で，「1：まったくそうではない」～「5：そうである」の5件法で回答を求めた。得点が高いほど，自己隠蔽度が高いことを示す。

援助不安　学生相談に援助を求める際に生じる主観的な不安を測定するため，水野・今田（2001）によって作成された援助不安尺度を参考に，援助を求める対象を学生相談のカウンセラーに修正し使用した。呼応性の心配に関する4項目と，汚名の心配に関する4項目の計8項目からなる尺度で，「1：まったくあてはまらない」～「5：非常によくあてはまる」の5件法で回答を求めた。得点が高いほど，援助不安が高いことを示す。

学生相談の認知度　学生の学生相談室に対する認知度を調べるために，「あなたは学生相談室の場所を知っていますか」と尋ね，「はい」か「いい

え」で回答を求めた。「はい」には1点,「いいえ」には0点を与えた。

3．結果

1）各援助者への被援助志向性の比較

学生相談,友達,家族の3者の援助者に対する大学生の被援助志向性を比較するために,各問題領域ごとに援助者を要因,被援助志向性得点を従属変数とした参加者内の一要因分散分析を実施した。Table 4-2 は問題領域別の各援助者への被援助志向性得点の平均値と標準偏差および分散分析の結果である。

「対人・社会面」の問題領域 「対人・社会面」の問題領域において,援助者の効果が有意であった($F(2, 476) = 521.35$, $p < .01$)。多重比較（Tukey法）の結果,友達,家族,学生相談の順で被援助志向性得点が高かった。

「心理・健康面」の問題領域 「心理・健康面」の問題領域において,援助者の効果が有意であった($F(2, 476) = 273.89$, $p < .01$)。多重比較（Tukey法）の結果,友達および家族への被援助志向性得点のほうが学生相談への被援助志向性得点より高かった。

「修学・進路面」の問題領域 「修学・進路面」の問題領域において,援助者の効果が有意であった($F(2, 476) = 192.09$, $p < .01$)。多重比較（Tukey法）の結果,家族および友達への被援助志向性得点のほうが学生相談への被援助志向性得点より高かった。

Table 4-2　各援助者への被援助志向性得点の平均値と標準偏差および分散分析結果

悩み	援助者			F値	多重比較
	①学生相談	②友達	③家族		
対人・社会	2.58 (1.24)	7.82 (2.28)	4.67 (2.29)	$F(2,476) = 521.35^{**}$	②＞③＞①
心理・健康	2.77 (1.43)	6.18 (2.54)	6.15 (2.57)	$F(2,476) = 273.89^{**}$	②≒③＞①
修学・進路	3.63 (2.05)	6.33 (2.43)	6.54 (2.45)	$F(2,476) = 192.09^{**}$	③≒②＞①

$^{**}p < .01$

2）被援助志向性に関連する変数の検討

援助不安尺度の検討　最初に，援助不安尺度の信頼性を検討するため，α係数・IT 相関を求めた。その結果，α係数は .828，IT 相関は .48～.66であった。

次に，因子構造を検討するために，主因子法，バリマックス回転の因子分析を行った（Table 4-3）。固有値1以上の2因子を抽出した。第1因子には「学生の問題を理解してくれないだろう」，「私が相談したことを解決できないだろう」など，援助を求めた時に，援助者が呼応的に対応してくれないのではないかという不安に関する4項目を含み，「呼応性の心配」と命名した。第2因子には「相談したら，能力の低い学生だと思われるだろう」，「相談したら，学生としての在籍や成績に悪い影響が出るだろう」など，援助を

Table 4-3　援助不安尺度の因子分析結果

援助不安尺度　α = .828	I	II	共通性
『呼応性の心配』　α = .784			
1）学生の問題を理解してくれないだろう	.876	.138	.787
3）私が相談したことを解決できないだろう	.626	.300	.482
2）相談した問題を真剣に扱ってくれないだろう	.584	.327	.448
6）私の問題は同じ世代の人しか理解できないので，年上である学生相談室のカウンセラーには問題を理解できないであろう	.461	.365	.346
『汚名の心配』　α = .750			
4）相談したら，能力の低い学生だと思われるだろう	.334	.716	.624
5）相談したら学生としての在籍や成績に悪い影響が出るだろう	.241	.648	.478
7）相談していることを，私の友人が知ったら，私のことを弱い人間とおもうだろう	.159	.569	.349
8）相談したことについて秘密が守られるかどうか心配だ	.195	.531	.320
因子負荷量の2乗和	1.946	1.888	
累積寄与率	24.3%	47.9%	

受けることで周りから汚名を着せられることへの不安に関する4項目を含み，「汚名の心配」と命名した。第1因子「呼応性の心配」の α 係数は.784，IT相関は.51〜.68，第2因子「汚名の心配」の α 係数は.750，IT相関は.50〜.62であった。以後，それぞれの因子を援助不安尺度の下位尺度とみなし，第1因子に含まれる項目の合計得点を呼応性の心配得点，第2因子に含まれる項目の合計得点を汚名の心配得点とした。得点が高いほど援助不安が高いことを示す。

被援助志向性得点を予測する変数の検討 被援助志向性に関連のある変数を抽出することを目的に重回帰分析を行った。従属変数は各援助者への援助志向性得点であり，独立変数は，性別，年齢，悩みの深刻度，自尊感情，自己隠蔽である。従属変数が学生相談への被援助志向性の場合のみ，呼応性の心配，汚名の心配，学生相談の認知度も独立変数に加えられた。変数の投入は同時に行った。各変数の平均値と標準偏差は Table 4-4 の通りであった。

学生相談 学生相談への問題領域別の被援助志向性得点を従属変数とした重回帰分析の結果が Table 4-5 である。重回帰分析の説明率（R^2）は「対人・社会面」の問題で $R^2 = .068$（$p < .05$），「心理・健康面」の問題で $R^2 = .117$（$p < .01$）と有意であった。

Table 4-4 各変数の平均値と標準偏差

変数	M	(SD)
性別	0.55	(0.50)
年齢	18.82	(0.98)
「対人・社会面」の悩み	6.50	(2.23)
「心理・健康面」の悩み	5.87	(2.05)
「修学・進路面」の悩み	6.82	(2.15)
自尊感情	30.28	(8.00)
自己隠蔽	34.82	(11.19)
呼応性の心配	10.51	(3.12)
汚名の心配	9.05	(3.37)
学生相談の認知度	0.41	(0.49)

Table 4-5 学生相談への被援助志向性を従属変数とした重回帰分析における各独立変数の標準偏回帰係数

独立変数	対人・社会面	心理・健康面	修学・進路面
性別	.080	-.051	.055
年齢	-.112†	-.121†	-.042
悩みの深刻度	-.009	.195**	.096
自尊感情	-.007	-.004	.013
自己隠蔽	.051	.037	.026
呼応性の心配	-.084	-.136†	-.076
汚名の心配	.048	.115	.016
学生相談の認知度	.187**	.208**	.076
説明率（R^2）	.068*	.117**	n.s.

**$p<.01$, *$p<.05$, †$p<.10$

　問題領域別に独立変数を見ていくと「対人・社会面」では年齢が負の関連を示し，年齢が低いほど被援助志向性が高かった。また学生相談の場所を知っているほど被援助志向性が高かった。

　「心理・健康面」では悩みの深刻度が正の関連を，年齢，呼応性の心配が負の関連を示した。これは悩みが深刻なほど被援助志向性が高く，また年齢が低いほど，呼応性の心配が低いほど被援助志向性が高いことを示す。また学生相談の場所を知っているほど被援助志向性が高かった。

友達　友達への問題領域別の被援助志向性得点を従属変数とした重回帰分析の結果が Table 4-6 である。重回帰分析の説明率（R^2）は，「対人・社会面」の問題では $R^2=.245$（$p<.01$），「心理・健康面」の問題では $R^2=.192$（$p<.01$），「修学・進路面」の問題では $R^2=.085$（$p<.01$）で，すべての悩みにおいて有意であった。

　問題領域別に独立変数を見ていくと「対人・社会面」と「心理・健康面」では悩みの深刻度，自尊感情が正の関連，自己隠蔽が負の関連を示した。これは悩みが深刻なほど，自尊感情が高いほど被援助志向性が高く，自己隠蔽が高いほど被援助志向性が低いことを示す。また「対人・社会面」では女性

Table 4-6 友達への被援助志向性を従属変数とした重回帰分析における各独立変数の標準偏回帰係数

独立変数	対人・社会面	心理・健康面	修学・進路面
性別	.111†	.036	-.007
年齢	-.060	-.050	.002
悩みの深刻度	.367**	.422**	.267**
自尊感情	.112†	.155*	.158*
自己隠蔽	-.323**	-.170**	-.075
説明率 (R^2)	.245**	.192**	.085**

**$p<.01$, *$p<.05$, †$p<.10$

のほうが男性より被援助志向性が高かった。

「修学・進路面」では悩みの深刻度，自尊感情が正の関連を示した。これは悩みが深刻なほど，また自尊感情が高いほど被援助志向性が高いことを示す。

家族 家族への問題領域別の被援助志向性得点を従属変数とした重回帰分析の結果が Table 4-7 である。

重回帰分析の説明率（R^2）は「対人・社会面」の問題では $R^2=.090$（$p<.01$），「心理・健康面」の問題では $R^2=.200$（$p<.01$），「修学・進路面」の問題では $R^2=.126$（$p<.01$）で，すべての悩みにおいて有意であった。

問題領域別に独立変数を見ていくと，「対人・社会面」と「修学・進路面」では自尊感情が正の関連，自己隠蔽が負の関連を示した。これは自尊感情が高いほど被援助志向性が高く，また自己隠蔽が高いほど被援助志向性が低いことを示す。

「心理・健康面」では悩みの深刻度，自尊感情が正の関連，自己隠蔽が負の関連を示した。これは悩みが深刻なほど，自尊感情が高いほど被援助志向性が高く，また自己隠蔽が高いほど被援助志向性が低いことを示す。

またすべての悩みにおいて，女性のほうが男性より被援助志向性が高かった。

Table 4-7 家族への被援助志向性を従属変数とした重回帰分析における各独立変数の標準偏回帰係数

独立変数	対人・社会面	心理・健康面	修学・進路面
性別	.211**	.184**	.173**
年齢	.062	-.072	-.066
悩みの深刻度	.049	.354**	.263**
自尊感情	.141*	.215**	.135†
自己隠蔽	-.126†	-.132*	-.123†
説明率（R^2）	.090**	.200**	.126**

**$p<.01$, *$p<.05$, †$p<.10$

4．考察

1）各援助者への被援助志向性について

　学生相談，友達，家族の三者の援助者に対する大学生の被援助志向性を比較した結果，まず，すべての問題領域において，インフォーマルな援助者である友達と家族への被援助志向性のほうが，フォーマルな援助者である学生相談への被援助志向性よりも高かった。この結果は，今回本研究で取り上げた問題領域においてはインフォーマルな援助者のほうが，フォーマルな援助である学生相談よりも，大学生にとって援助を求める際の対象と捉えられており，援助を求めやすいということを示唆している。

　また「心理・健康面」，「修学・進路面」の問題では，友達と家族への被援助志向性に差は認められなかったが，「対人・社会面」の問題では，友達への被援助志向性のほうが家族への被援助志向性よりも高かった。この結果は，嶋（1991）のソーシャル・サポート・ネットワーク研究から親友という存在が，大学生にとってもっとも重要なサポート源であるという指摘を支持するものであり，大学生にとって，対人関係に関して自分で問題を解決できないときには，友達はとても重要な援助を求める対象であるといえる。内野（2003）は，学内資源の活用という点から，学生による学生のための相談活

動であるピア・サポート・ルームの初年度の実践活動を報告しており，その活動の意義として，敷居が低く気楽に相談できる点や情緒的サポートを提供する点を挙げている。また，どこが適切な相談場所かを知るための二次的な相談窓口の役割を果たしたと報告している。したがって，学生のサポートや学内資源の有効活用とともに，専門的な相談機関へのつなぎ役として，また，相談のしやすさという被援助志向性の観点からも，学生相談がピア・サポートのような学生同士の援助システムを提供し，学生と連携しながら学生をサポートしていく方法が有効であると考えられる。

2）被援助志向性に関連する変数について

各援助者ごとに，被援助志向性に関連のある変数を抽出することを目的に重回帰分析を行った。以下，その結果について考察していく。

学生相談 まず，「対人・社会面」と「心理・健康面」の問題で，学生相談の認知度が高いと被援助志向性も高いことが明らかとなった。この結果は，援助を求める際にその援助を求める対象についての認知度が被援助志向性に影響を与えることを示唆するものである。よって，学生相談への被援助志向性を高める方法として，窪田ら（2001）が報告しているように，学生相談のPRや学生相談についての情報提供を通して，認知度を高めることが有効である可能性が示唆された。

「心理・健康面」の問題においては悩みが深刻なほど被援助志向性が高く，呼応性の心配が高いほど被援助志向性が低かった。この結果は，大学生においては「心理・健康面」の問題に関しては，学生相談のカウンセラーが自分の問題を理解してくれるのか，相談したことを解決してくれるのだろうか，といったような呼応性の心配が，学生相談への被援助志向性に影響することを意味する。したがって，学生相談への被援助志向性を高めるアプローチとして，呼応性の心配を取り除くことが有効である可能性が示唆された。そのための方法としては，学生相談のカウンセラーの援助的なかかわり方

や，あるいはカウンセリングとはどのようなものであるのかについて，たとえば，オリエンテーションの中でカウンセリング場面のロールプレイを行い（金沢・山賀，1998），学生相談やカウンセリングについての知識や情報を提供する方法が考えられる。

友達　次に，友達について考察する。まず自尊感情と被援助志向性との関連については，「心理・健康面」と「修学・進路面」の問題で，自尊感情が低いほど，友達への被援助志向性が低いことが明らかとなった。この結果は「傷つきやすさ仮説」を支持するものである。つまり，自尊感情が低い人にとって，友達に援助を求めることで，さらに自尊感情が傷つくのではないかと恐れて，援助を求めようと思わない，あるいは援助を求めようと思っても援助を求めることができないと解釈することができる。

自己隠蔽については，「対人・社会面」と「心理・健康面」の問題領域において，被援助志向性と負の関連が認められ，自己隠蔽度が高い学生は「対人・社会面」と「心理・健康面」の問題領域では，友人に援助を求めようとしないことが明らかとなった。自己隠蔽とは自己に関するネガティブな情報を積極的に隠そうとする傾向である。しかし，援助を求める際には，自らが抱える問題を援助者に伝えなければならないため，自己隠蔽が被援助志向性に抑制的にはたらくといえる。特に，友人に対しては，「対人・社会面」と「心理・健康面」の問題では自己隠蔽度の高い人は，援助を求めることに抵抗を感じるといえる。したがって，ピア・サポートを提供する際には，自己隠蔽度の高い学生に対しては，「修学・進路面」の問題を中心にピア・サポートを提供することが望まれる。また，Kelly and Achter (1995) は，カウンセリングにおける自己開示の重要性を強調した場合と，しない場合の情報提供の効果を検討した結果，前者の方法では，自己隠蔽度が高い群のほうがカウンセリングに対する態度は否定的だったが，後者の場合は，自己隠蔽度の高群と低群との間にカウンセリングの態度の差は認められなかったと報告している。したがって，自己隠蔽度の高い学生に対しては，情報提供を主

第 4 章 【研究 1】　45

としたガイダンス的なサポートを提供することで，自己開示を伴わない自己隠蔽を尊重した援助サービスが可能になると考えられる。

　悩みの深刻度との関連を見ると，現在抱えている悩みが深刻であると認識しているほど被援助志向性が高かった。これは，先行研究の知見を支持する結果である（Komiya et al., 2000; Phillips & Murrell, 1994; Rickwood & Braithwaite, 1994）。

　家族　まず性別については，すべての問題において女性のほうが家族への被援助志向性が高かった。これは先行研究の結果（Fischer & Farina, 1995; Rickwood & Braithwaite, 1994）を支持するものである。また，ソーシャル・サポート研究からも，男性より女性のほうが家族へのソーシャル・サポートが高いと報告されている（福岡・橋本，1997；嶋，1992）。このことからも，大学生においては男性よりも女性のほうが家族を重要なサポート源と捉えているといえる。

　自尊感情についても，すべての問題において自尊感情が高いほど家族への被援助志向性が高く，「傷つきやすさ仮説」を支持する結果となった。また，自己隠蔽も，被援助志向性との関連が認められ，友達と同様の結果が得られた。つまり，自尊感情が低い，あるいは自己隠蔽が高い学生は，家族や友達といったインフォーマルな援助者に対する被援助志向性が低いと考えることができ，自己隠蔽と自尊感情はインフォーマルな援助者への被援助志向性に抑制的にはたらくといえる。

3）被援助志向性を尊重した援助サービスについて

　最後に，以上に考察されたことを踏まえ，学生相談における大学生の被援助志向性を尊重した援助サービスを提案したい。

　学生相談への被援助志向性を高める　本研究より，学生相談の認知度と呼応性への心配が，学生相談への被援助志向性に関連することが明らかとなった。したがって，学生相談への被援助志向性を高めるためには，学生相談へ

の認知度を高めるとともに，呼応性への心配を低減させるアプローチが必要であるといえる。また，学生相談への被援助志向性を高めるアプローチだけでなく，それとともに，個々の学生の被援助志向性を尊重し，直接来談するだけでなく，さまざまなルートで相談する方法を提供することが望まれる。中川（2003）は，一度も顔をあわせることなく，電子メールのみで援助を行った事例を報告し，面接につながらない学生に対する電子メールによる援助方法の可能性を提起している。今後は，被援助志向性の低い学生にとって，電子メールでの相談活動が相談しやすいかどうかについて調査する必要がある。

　インフォーマルな援助者の積極的な活用　大学生はフォーマルな援助者（学生相談）よりも，インフォーマルな援助者（友達・家族）への被援助志向性が高いことが明らかとなった。したがって，援助のしやすさ，また学生のニーズという視点からも，インフォーマルな援助者を積極的に活用することの意義が示唆された。その具体的な方法として，ピア・サポートによる援助サービスがあげられる。

　多様な援助者からなる援助システムの構築　本研究より，大学生は援助を求める際にフォーマルな援助者である学生相談とインフォーマルな援助者である友人や家族を，抱える問題の領域やあるいは自らの心理的な状態によって選択していると考えられる。したがって，学生の被援助志向性を尊重した援助サービスを提供するために，「インフォーマルな援助者の積極的な活用」でも述べたように，学生相談による援助サービスの提供とともに，インフォーマルな援助者である友人や家族を援助者として有効に活用し連携しながら，個々の学生の被援助志向性に合わせて様々な援助者を選べるよう学生を援助していくシステムを構築していくことが効果的であるといえる。その際の一つの方法として，心理教育的なアプローチが考えられる。大学生の被援助志向性の特徴について講義することで，学生が自分をとりまくサポート・ネットワークとその利用について考える機会を提供できる。それによっ

て学生が周囲のサポートを利用しやすくなるだろう。また，学生相談のパンフレットやホームページなどのメディアも積極的に活用し，情報提供を行うことで，被援助志向性に抑制的にはたらく個々の学生の自尊感情や自己隠蔽への配慮につながる可能性が考えられる。

第5章 【研究2】学生相談に対する被援助志向性と援助不安の関連

1．目的

　研究2では，学生相談に対する被援助志向性とその関連する変数について，被援助志向性を規定する調整変数として性別に着目した検討を行うことを目的とする。なお検討する変数として研究1で検討した学生相談に対する援助不安，自尊感情，学生相談室の認知度，さらに抱える悩みがどれほど共通したものと認知しているかという問題の共通性の認知を取り上げる。

2．方法

1）調査対象と手続き

　関東圏の3つの大学に在籍する大学生234名を対象に，2008年1～7月にかけて，授業時間を利用し質問紙調査を実施した。まず，調査の目的について説明し，調査への協力は任意であること，いつでも中断をできることを伝え，同意を得られた学生にのみ調査を実施した。調査時間はおよそ15分程度であった。なお欠損値が認められた21票を除外し，213名（男性100名，女性113名）を分析の対象とした（有効回答率91.0％）。年齢の平均は20.30歳（$SD = 1.71$，不明5名）であった。

2）質問紙の構成

　学生相談に対する被援助志向性　本研究において，学生相談に対する被援助志向性は「大学生が自分ひとりで解決できない問題を抱えたときに，学生相談に援助をどの程度求めるかという認知的枠組み」と定義された。この学

生相談に対する被援助志向性を測定するために，研究1で作成された尺度を用いた。3つの問題領域，それぞれ2つの悩み（A. 対人・社会面：①「対人関係」，②「恋愛・異性」，B. 心理・健康面：①「性格・外見」，②「健康」，C. 修学・進路面：①「進路・将来」と②「学力・能力」）について，もし悩みを抱え，自分自身で解決できない場合，学生相談を利用しようと思うか，5件法で回答を求めた。得点が高いほうが学生相談に対する被援助志向性が高いことを示す。

学生相談に対する援助不安 研究1によって作成された，学生相談に援助を求める際に生じる主観的な不安を測定する8項目からなる援助不安尺度（5件法）を用いた。援助を求めたときに，援助者が呼応的に対応してくれないのではないかという不安を表す「呼応性の心配」に関する4項目と，援助を受けることで周りから汚名を着せられることへの不安を表す「汚名の心配」に関する4項目の2つの下位因子から構成される。得点が高いほど学生相談に援助を求める際の主観的な不安が高いことを示す。

問題の共通性の認知 被援助志向性について尋ねる質問で取り上げた6つの悩みに関して，その悩みが大学生にどれほど共通した悩みであると思うか，5件法で回答を求めた。得点が高いほど，多くの大学生が抱える悩みと認知していることを示す。

自尊感情 Rosenberg（1965）によって開発された自尊感情尺度を山本ら（1982）が翻訳したものを使用した。10項目からなる尺度で5件法で回答を求めた。得点が高いほど自尊感情が高いことを示す。

学生相談室の認知度 学生相談室に対する認知度を測定するため，「学生相談室の場所を知っていますか」，「学生相談室のカウンセラーを知っていますか」の2項目について2件法（はい，いいえ）で回答を求めた。なお分析においては「はい」を1，「いいえ」を0と得点化し，2項目の合計得点を学生相談室の認知度得点とした。得点が高いほど学生相談室に対する認知度が高いことを示す。

3. 結果

1）各変数の記述統計および性差の検討

　本研究で取り上げた各変数の記述統計が Table 5-1 の通りである。なお各変数の得点は項目の合計得点を示している。援助不安尺度では，汚名の心配に関わる項目を検討した結果，4項目中3項目でフロア効果が疑われ回答に偏りがあると判断された。そこで援助不安尺度のうち「呼応性の心配」に関する4項目のみで分析することとした。

　各変数における性差を検討するために t 検定および χ^2 検定を実施した（Table 5-1）。その結果，「対人・社会面」および「心理・健康面」における問題の共通性の認知で有意な差が認められ（「対人・社会面」：$t(211)=2.87$, $p<.01$;

Table 5-1　各変数の基礎統計量および性差の検討

変　数	range	男性($n=100$) M(SD)	女性($n=113$) M(SD)	全体($N=213$) M(SD)	t 検定 $t(211)$
被援助志向性					
対人・社会面	2-10	4.35 (1.92)	4.38 (2.05)	4.37 (1.99)	0.11
心理・健康面	2-10	4.17 (1.90)	4.19 (1.96)	4.18 (1.92)	0.06
修学・進路面	2-10	5.97 (2.64)	5.80 (2.71)	5.88 (2.67)	0.45
問題の共通性の認知					
対人・社会面	2-10	7.53 (2.00)	8.19 (1.35)	7.88 (1.71)	2.87**
心理・健康面	2-10	6.20 (1.81)	6.76 (1.41)	6.50 (1.63)	2.54*
修学・進路面	2-10	8.49 (1.51)	8.72 (1.04)	8.61 (1.28)	1.29
援助不安					
呼応性の心配	4-20	10.02 (3.16)	9.57 (3.11)	9.78 (3.13)	1.05
自尊感情	5-50	29.63 (6.98)	28.30 (7.58)	28.92 (7.32)	1.33
変　数		はい n ／ いいえ n	はい n ／ いいえ n	はい n ／ いいえ n	χ^2 検定 $\chi^2(1)$
学生相談室の認知度					
場所の認知		37／63	55／58	92／121	2.95
カウンセラーの認知		16／84	22／91	38／175	0.44

**$p<.01$, *$p<.05$

「心理・健康面」: $t(211) = 2.54, p < .05$），男性に比べて女性のほうがそれらの問題について，大学生の多くが抱える問題であると認識していることが明らかとなった。その他の変数において，性差は認められなかった。

2）被援助志向性を目的変数とした重回帰分析の結果

被援助志向性に関連する要因および性別の調整変数としての効果を検討するために，まず被援助志向性を目的変数とした階層的重回帰分析を実施した。第1ステップでは，問題の共通性の認知，呼応性の心配，自尊感情，学生相談室の認知度を投入し，第2ステップでは性別を，第3ステップでは各変数と性別を掛け合わせた交互作用項を投入した。なお多重共線性を回避するために，それぞれの説明変数について中心化を行った。分析の結果，どのステップにおいてもR^2は有意であったが，第2，第3ステップのΔR^2および性別の交互作用項の各標準偏回帰係数は有意ではなく，本分析において性別の調整効果は認められなかった（Table 5-2）。

そこで，次に男女別に被援助志向性を目的変数，問題の共通性の認知，呼応性の心配，自尊感情，学生相談室の認知度を説明変数とした重回帰分析

Table 5-2 被援助志向性を目的変数とした階層的重回帰分析結果

	対人・社会面			心理・健康面			修学・進路面		
	Step 1	Step 2	Step 3	Step 1	Step 2	Step 3	Step 1	Step 2	Step 3
共通性の認知	.093	.105	.035	.151*	.162*	.016	.166*	.172*	.156
呼応性の心配	-.150*	-.155*	-.277**	-.105	-.109+	-.200*	-.187**	-.190**	-.251**
自尊感情	-.072	-.078	-.098	-.029	-.034	-.104	-.003	-.010	-.044
認知度	.344**	.349**	.279**	.329**	.334**	.288**	.138*	.145*	.134
性別	—	.067	.061	—	.069	.064	—	.076	.074
共通性の認知×性別	—	—	.065	—	—	.164	—	—	.020
呼応性の心配×性別	—	—	.166	—	—	.110	—	—	.087
自尊感情×性別	—	—	.021	—	—	.077	—	—	-.054
認知度×性別	—	—	.086	—	—	.052	—	—	.009
説明率(R^2)	.177**	.181**	.199**	.162**	.166**	.185**	.098**	.103**	.108**
ΔR^2		.004	.018		.005	.018		.006	.005

**$p < .01$, *$p < .05$

Table 5-3 被援助志向性を目的変数とした男女別の重回帰分析結果

	対人・社会面				心理・健康面				修学・進路面			
	男性		女性		男性		女性		男性		女性	
	β	r	β	r	β	r	β	r	β	r	β	r
共通性の認知	.148	.188*	.026	.041	.260**	.284**	.013	.065	.216*	.225*	.125	.161*
呼応性の心配	-.038	-.044	-.266**	-.327**	-.042	-.048	-.195*	-.259**	-.128	-.164	-.246*	-.298**
自尊感情	-.065	-.050	-.098	-.104	.014	.028	-.106	-.113	.037	.044	-.045	-.030
認知度	.406**	.430**	.279**	.343**	.357**	.379**	.292**	.341**	.142	.145	.136	.191*
説明率(R^2)	.206**	—	.194**	—	.211**	—	.163**	—	.092	—	.121**	—

**$p < .01$, *$p < .05$

（強制投入法）を実施した（Table 5-3）。その結果，被援助志向性の分散の約9～21％が説明変数によって説明された。各説明変数の標準偏回帰係数に着目すると，学生相談室の認知度は「対人・社会面」，「心理・健康面」において男女共に有意な正の影響力が認められ（それぞれ，男性：$β = .406 ; .357$，女性：$β = .279 ; .292$），学生相談に関する認知度が高いほど被援助志向性が高いことが明らかとなった。

一方で問題の共通性の認知では，男性において「心理・健康面」，「修学・進路面」で有意な正の影響力が認められ（「心理・健康面」：$β = .260$，「修学・進路面」：$β = .216$），大学生に共通した問題であると認識しているほど被援助志向性が高いことが明らかとなった。また呼応性の心配では女性においてすべての問題領域においてに有意な負の影響力が認められ（「対人・社会面」：$β = -.266$，「心理・健康面」：$β = -.195$，「修学・進路面」：$β = -.246$），学生相談に対する呼応性の心配が低いほど被援助志向性が高いことが明らかとなった。

4．考察

本研究の目的は，学生相談に対する被援助志向性に関連する要因について，性差に着目して検討することであった。被援助志向性を目的変数とした階層的重回帰分析の結果，性別の調整変数の効果は認められなかったが，男女別に重回帰分析を実施した結果，男女で影響力に差が見られる変数の存在

が認められた。階層的重回帰分析では性別の調整変数の効果は認められなかったことから，本結果は限定的であることを指摘したうえで，以下に考察したい。

　男女で影響力に違いが認められた変数としてはまず，援助不安尺度のうちの呼応性の心配があげられ，女性のみで被援助志向性に有意な負の影響力を示した。Tinsley et al.（1976）は大学生を対象にカウンセリングに対する期待を調査した結果，カウンセラーの受容への期待において女性のほうが男性よりも高かったと報告しており，女性は専門的な援助に対して，援助者との関係性や援助者の呼応的な反応を重視していると考えられる。したがって呼応性の心配が高いほど被援助志向性が低くなると解釈することができる。

　次に，問題の共通性の認知があげられる。男性のみで問題の共通性の認知が有意な正の影響力を示し，抱える問題が多くの大学生に共通する悩みであるととらえているほど，学生相談室を利用しようと考えていることを意味する。Eisenberg, Downs et al.（2009）は男性のほうが女性よりも，自身が知覚するメンタルヘルスについてのスティグマが高く，さらにそのスティグマの知覚が高いほどメンタルヘルスの問題での援助要請行動の頻度が低いことを指摘している。つまり本研究の結果は，以下のように解釈することができる。男性はメンタルヘルスの問題を抱えることについてのスティグマを強く意識するため，問題を抱えた場合には自身が抱える問題が他の大学生にも共通の悩みであるかどうかを他者と比較する。そこで自分が抱える悩みが大学生に共通の悩みではないと感じると，そのことでより一層スティグマへの心配が高まり援助要請行動が抑制されると解釈することができる。しかしながら本研究では援助不安尺度のうち，スティグマの知覚に関連する汚名の心配に関する項目でフロア効果が認められたために分析から除外され，被援助志向性と汚名の心配との関連を検討することができなかった。

　一方，学生相談の認知度は「対人・社会面」「心理・健康面」の問題において，男女ともに被援助志向性に正の影響力を示した。つまり，学生相談の

認知度が高いほど学生相談を利用しようと考えているといえる。この結果は研究1（第4章）および先行研究を支持するものであり（伊藤，2006），学生相談室はどのような場所であり，カウンセラーはどんな人であるのかという具体的な情報が，学生相談室の利用を促進する可能性が示唆される。

なお，自尊感情については，男女ともに被援助志向性との関連は認められなかった。また本研究では学生相談に対する被援助志向性得点に男女差は認められず，伊藤（2006）の学生相談室への来談意思に性差が認められないとする結果を支持するものであった。

本研究で得られた以上の知見から実践への応用について考えてみたい。

第1点目は，援助不安と問題の共通性の認知に着目した介入の際，性別を考慮したアプローチを試みる必要性である。本研究の結果より，援助不安および問題の共通性の認知における被援助志向性への影響に性差が認められた。このことから，学生相談室に対する被援助志向性を高める介入として，男女で一様の内容に加えて，男女で強調するポイントを変えるという対象に合わせたアプローチを工夫することで，より効果的な成果を期待することができよう。女性では，呼応性の心配が被援助志向性に関連していることから，学生相談のカウンセラーがどのように対応してくれるのかといった，心理療法やカウンセリングにおけるセラピストおよびカウンセラーの関わりを中心に，臨床心理学的な援助に関する情報を提供することが有効であると考えられる。一方，男性の場合は抱える問題が他の多くの学生に共通する問題であると認識しているほど被援助志向性が高いことから，大学生の多くが抱える問題や悩みについて，心理教育的な形で伝えることで利用しやすくなると考えられる。大学の授業の中で臨床心理学的な観点から青年期が遭遇する問題や発達課題について示すことで問題の共通性の認知が高まり，専門的な援助が必要となる問題を抱えた際にも早期に学生相談室に結びつくことが期待される。したがって，すでに各大学で実践されている学生相談の担当者による大学の授業の実践（たとえば，池田ら，2005）は，呼応性の心配を低減さ

せ，さらに問題の共通性の認知を高めるという点からも意義があるといえよう。

　第2点目は，学生相談室の認知度を高めるアプローチである。学生相談室の認知度は，男女ともに被援助志向性との関連が認められた。第1点目と関連するが，学生相談室に関する認知度の観点からも，学生相談の担当者が多くの場面で学生と身近に接することでより利用しやすくなると考えられる。この点に関しても，授業の中で取り上げる，あるいは広報活動の中で伝えることで可能となるアプローチであるといえよう。

第6章 【研究3】大学生の学生相談に対する被援助志向性の予測

1．目的

　研究1・2では大学生の被援助志向性に関連する要因を検討し，主に援助を求める側である大学生の要因に焦点を当てた。しかしながら被援助者をとりまく周囲の人物の要因が十分に検討されているとはいえない。Ajzen (1991) は意図と行動の関連を説明する理論である Theory of Planned Behavior（TPB）の中で，行動に対する意図を規定する要因として行動に対する態度と，知覚された行動統制感の他に，主観的規範（Subjective Norm）をあげている。主観的規範とは，周りの人がその行動をどのように思っていると考えているか，そして周りの人の考えにどれほど従うかである。学生相談に対する援助要請行動にあてはめて考えた場合，学生は自発的に来談する場合でも，その来談の背景には友人や家族あるいは大学の先生から学生相談を勧められて来談するケースや直接同伴されて来談する場合がある。つまり学生を取り巻く周囲の人物が学生相談の利用についてどのように考えているのか，また学生はその周囲の認識をどのように感じているのかが，被援助志向性に影響を及ぼしていると予想される。

　そこで，研究3では大学生が，周囲の人々が学生相談を利用することに対してどのように捉えているのか，という知覚された周囲からの利用期待に着目し，被援助志向性に及ぼす影響を検討する。以下に本研究で取り上げるその他の被援助志向性を予測する変数について整理する。

　まずは学生相談利用に対する肯定的・否定的態度である。学生相談利用に対する肯定的・否定的態度とは，個人が学生相談の援助サービスを利用する

ことに対する肯定的あるいは否定的な評価の程度である。援助要請行動に対する肯定的・否定的態度を測定する尺度として，Fischer and Turner（1970）によって開発された専門的な心理的援助に対する援助要請態度尺度（ATSPPHS: Attitude Toward Seeking Professional Psychological Help Scale）があり，援助要請に関する研究で多く用いられている（eg., Kahn & Williams, 2003）。しかし，学生相談に対する援助要請行動を検討するにあたり，一般的な専門的心理援助への態度とは異なる独自の態度項目を考慮する必要があると考えられる。なぜなら，学生相談に焦点をあてた援助要請行動に対する肯定的・否定的態度を測定する項目を用いることで，学生相談への援助要請行動に対する肯定的・否定的態度をより詳細に，そして具体的に検討することが可能となるからである。そこで，本研究ではTPBの枠組みを援用し，学生相談に対する援助要請行動に焦点をあてた，肯定的・否定的態度を測定する尺度を同時に作成する。学生相談利用に対する態度が肯定的なほど被援助志向性が高いと予想される。

　次は学生相談利用に対する知覚された行動統制感である。学生相談利用に対する知覚された行動統制感とは，個人が学生相談の援助サービスを利用するという行動を遂行できると感じているかどうかの程度を示す。TPBにおいて，行動に対する意図および行動を予測する変数であり，学生相談利用に対する知覚された行動統制感が高いほど被援助志向性が高いことが予想される。

　以上の周囲からの利用期待，態度，知覚された行動統制感の3つの変数は，被援助志向性を予測する変数としてTPB（Ajzen, 1991）を援用し，本研究で着目した変数である。

　また，学生相談に対する被援助志向性に関連する要因としては，先行研究より性別や年齢といったデモグラフィック変数，また認知度や周知度が指摘されている（研究1：伊藤，2006）。被援助志向性に関連するデモグラフィック変数を明らかにすることで，学生相談の利用に肯定的あるいは否定的な学

生の特徴を明らかにすることにつながる。

一方で被援助志向性を高めるアプローチを考えた場合,働きかけにより変容が期待できる変数を抽出することが望まれる。本研究で取り上げる周囲からの利用期待,態度,行動統制感は働きかけにより変容が期待できる変数と考えられる。そこで本研究では,先行研究で被援助志向性との関連が指摘されているデモグラフィック変数として性別,年齢を考慮し,それらの変数を統制した上で,働きかけにより変容が期待できる変数として周囲からの利用期待,態度,行動統制感の要因が被援助志向性を予測するかどうかを検討することも目的の一つとする。その際,学生相談機関に関する認知度の違いを考慮した検討を行う。

2. 予備調査

1) 目的

大学生の学生相談利用に対する肯定的・否定的態度を測定するための項目の抽出と作成,および周囲からの期待を測定するために意思決定に影響を与える人物を抽出することを目的とする。

2) 方法

大学生の学生相談室を利用することに関する態度項目の作成と大学生が意思決定を行うにあたり影響を受ける重要な人物を特定するために,大学生が抑うつの問題を抱え学生相談室を利用するシナリオを読んでもらい,その人物になったつもりで,以下の質問について自由記述の回答を求めた。

まず,学生相談室を利用することに関する肯定的・否定的態度を抽出するために,学生相談の利用に関する利点(advantage)と不利な点(disadvantage)を思いつく限り挙げてもらった。次に,意思決定に影響を与える人物を特定するため,学生相談を利用するかどうかの意思決定に影響を与える人物を自由記述で思いつく限り挙げてもらった。調査は2003年12月に実施さ

Table 6-1　予備調査で用いられたシナリオ

> あなたは，関東にある大学に通う大学生です。1ヶ月前から，気持ちが落ち込み，なにもやる気がしません。また，食欲も減り，体重が落ちました。夜も眠れません。大学に行く気持ちにもなれず，大学も休みがちです。そこで，あなたは，大学の学生相談室のカウンセラーに相談しようと思います。

れ，対象は4年制大学の大学生59名（男性27名・女性32名）であり，平均年齢は，19.69歳（$SD=1.22$）であった。なお本研究で作成されたシナリオはTable 6-1の通りである。

3）結果と考察

　学生相談利用に関する態度はadvantageが135項目，disadvantageが116項目の合計251項目が抽出された。Ajzen and Fishbein（1980）の方法を参照し，まず著者とは別の研究目的を知らない一人の評定者によりカテゴリー化され，カテゴリー名がつけられた。次に評定の主観性を排除するため，抽出された全項目数の75％を選択基準とし，頻度の低いカテゴリーは除外された。態度に関する251項目の75％にあたる188.25項目をカットオフポイントとし，16のカテゴリーが抽出された。この16のカテゴリーを学生相談利用に対する態度項目とした。大学生の意思決定に影響を与える人物についても同様の手続きをとり，88項目の75％である66項目をカットオフポイントとした結果，友達，家族，大学教員の3名が抽出された。Table 6-2は抽出された態度項目とその度数および頻度，Table 6-3は意思決定に影響を与える重要な人物とその度数および頻度を表している。

3．本調査：目的

　予備調査で得られた結果をもとに，大学生の学生相談に対する被援助志向性を予測する要因について検討をすることを目的とする。

Table 6-2 学生相談利用に対する態度カテゴリーの度数と比率

カテゴリー	度数	比率	累積比率
1．相談した問題や悩みが解決する	26	10.4%	10.4%
2．周囲から変な目で見られる	19	7.6%	18.0%
3．秘密を守ってくれる	18	7.2%	25.2%
4．気軽に利用できる	17	6.8%	32.0%
5．悩みを話したり，聞いてもらうことで気持ちが楽になる	14	5.6%	37.6%
6．身近な人に話せない，あるいは話しづらい悩みを相談できる	11	4.4%	42.0%
7．客観的な意見を聞くことができる	11	4.4%	46.4%
8．話を親身に聞いてくれる	10	4.0%	50.4%
9．大学内にあるので身近な存在である	9	3.6%	54.0%
10．専門家に相談することができる	9	3.6%	57.6%
11．相談室の存在が心の支えになる	9	3.6%	61.2%
12．どのような人かわからないので相談しづらい	9	3.6%	64.8%
13．私のことを理解してくれる	8	3.2%	68.0%
14．アドバイスや助言がもらえる	8	3.2%	71.2%
15．大学の相談室だから，大学に関する相談ができる	6	2.4%	73.6%
16．時間がとられてしまう	6	2.4%	76.0%

注）15.16の度数は同じで75%を越えるため，両方のカテゴリーを採用した。

Table 6-3 学生相談利用の意思決定に影響を与える人物の度数と比率

人物	度数	比率	累積比率
1．友達	38	43.2%	43.2%
2．家族	13	14.8%	58.0%
2．大学の先生	13	14.8%	72.8%

4．本調査：方法

1）調査対象者

2004年9月から2006年1月にかけて，関東圏の3つの大学の大学生352名を対象に調査を実施した。その中から欠損値を含む票を除外し，計338名（男性134名，女性204名）のケースを有効回答とした。有効回答率は96.0%で

あった。平均年齢は20.42歳（$SD=2.27$）であった。

2）質問紙の構成

本研究で用いた質問紙の構成は以下の通りであった。

基本的属性　調査対象者の属性として，性別，年齢を尋ねた。

学生相談に対する被援助志向性　学生相談に対する被援助志向性を測定するために，研究1（第4章）と同様に3つの問題領域，それぞれ2つの悩み（A．対人・社会面：①「対人関係」，②「恋愛・異性」，B．心理・健康面：①「性格・外見」，②「健康」，C．修学・進路面：①「進路・将来」と②「学力・能力」）について，もし悩みを抱え，自分自身で解決できない場合，学生相談を利用しようと思うか，7件法（1：まったくあてはまらない〜7：非常にあてはまる）で回答を求めた。得点が高いほど学生相談に対する被援助志向性が高いことを示す。

学生相談利用に対する肯定的・否定的態度　学生相談利用に対する態度を測定するため，予備調査で得られた16の態度に関する項目について，どれくらいあてはまるか7件法（1：まったくそう思わない〜7：非常にそう思う）で回答を求めた。得点が高いほど学生相談利用に対する態度が肯定的であることを示す。

周囲からの学生相談利用の期待　学生相談の利用について，周囲からの期待をどれほど感じているかを測定するために，予備調査で得られた意思決定に影響を及ぼす重要な人物について，その人物がどのくらい学生相談の利用を期待していると思うか7件法（1：まったく思っていない〜7：非常に思っている）で回答を求めた。得点が高いほど周囲からの利用期待を強く感じていることを示す。

学生相談利用に対する知覚された行動統制感　学生相談利用に対する知覚された行動統制感を測定するため，「私にとって学生相談室を利用することは，非常に難しい〜非常に容易だ」，「もし，私が学生相談室を利用しようと

思えば，簡単に利用することができる（まったくそう思わない～非常にそう思う）」の2項目について7件法で回答を求めた。得点が高いほど利用に対する知覚された行動統制感が高いことを示す。

学生相談室に対する認知度 学生相談室に対する認知度を測定するため，「学生相談室の場所を知っていますか」，「学生相談室のカウンセラーを知っていますか」，「学生相談室の開室時間を知っていますか」の3項目について2件法（はい，いいえ）で回答を求めた。なお「はい」を1，「いいえ」を0と得点化し，3項目の合計得点を学生相談室の認知度得点とした。得点が高いほど学生相談室に対する認知度が高いことを示す。

5．本調査：結果

1）学生相談利用に対する態度項目の内的整合性の検討および各変数の記述統計と相関係数

学生相談利用に対する態度項目の内的整合性を検討するため，IT相関を求めた。$r=.40$に満たない3つの項目が除外された。次に13項目について因子分析（最小二乗法）を実施した（Table 6-4）。固有値1以上で因子の解釈の可能性を考え，1因子解が採択された。全項目とも因子負荷量は.40以上であった。なお当初は学生相談利用に対する態度を測定するために作成された項目であったが，因子分析の結果，作成された項目は学生相談利用に対する態度を構成する一つの要素であるメリットに関する項目に集約された。したがって，より適切な名称としてこの13項目を「学生相談利用のメリット尺度」とした。IT相関は$r=.47～.73$，α係数は.91であった。

また，各変数の平均値と標準偏差，および相関係数はTable 6-5の通りであった。相関係数を見ると，メリットおよび友達・家族・大学の先生からの利用期待は被援助志向性と有意な弱い正の相関が認められた。知覚された行動統制感は対人・社会面，心理・健康面における被援助志向性と有意な正の相関が認められたが，その値は低かった。

Table 6-4 学生相談利用に対する態度項目の因子分析結果

尺度の項目（a = .91）	M (SD)	因子負荷量	共通性
14. アドバイスや助言がもらえる	4.40 (1.40)	.77	.59
5. 悩みを話したり，聞いてもらうことで気持ちが楽になる	4.12 (1.41)	.76	.58
8. 話を親身に聞いてくれる	4.46 (1.30)	.73	.54
7. 客観的な意見を聞くことができる	4.66 (1.44)	.71	.50
1. 相談した問題や悩みが解決する	3.66 (1.37)	.70	.49
9. 大学内にあるので身近な存在である	3.64 (1.53)	.70	.49
10. 専門家に相談することができる	4.38 (1.46)	.68	.47
13. 私のことを理解してくれる	3.70 (1.33)	.68	.46
6. 身近な人に話せない，あるいは話しづらい悩みを相談できる	3.75 (1.64)	.67	.45
15. 大学の相談室だから，大学に関する相談ができる	4.70 (1.48)	.66	.44
11. 相談室の存在が心の支えになる	3.09 (1.54)	.60	.36
3. 秘密を守ってくれる	5.20 (1.50)	.57	.33
4. 気軽に利用できる	3.34 (1.52)	.48	.23
因子負荷量の2乗和		5.91	
寄与率（%）		45.49	

Table 6-5 各変数の記述統計と相関

変数	M (SD)	1-a	1-b	1-c	2	3	4-a	4-b	4-c	5
1．学生相談に対する被援助志向性										
a. 対人・社会面	4.39 (2.72)	—	.87**	.70**	.26**	.37**	.30**	.25**	.19**	.16**
b. 心理・健康面	4.41 (2.82)		—	.70**	.27**	.39**	.35**	.34**	.24**	.17**
c. 修学・進路面	5.96 (3.33)			—	.17**	.37**	.26**	.24**	.20**	.08
2．学生相談室の認知度	0.55 (0.82)				—	.20**	.12*	.09	.16**	.20**
3．学生相談利用のメリット	53.10 (13.22)					—	.20**	.19**	.29**	.30**
4．周囲からの利用期待										
a. 友達	3.01 (1.44)						—	.73**	.41**	.13*
b. 家族	2.89 (1.51)							—	.51**	.09
c. 大学の先生	3.81 (1.45)								—	.08
5．知覚された行動統制感	7.62 (2.52)									—

**$p < .01$, *$p < .05$

2）学生相談室の認知度による比較

Table 6-5 より，学生相談室の認知度は得点のレンジが 0 ～ 3 点のところ，平均が0.55点となり，多くの学生が学生相談室に関する具体的な知識を有していないことが明らかとなった。学生相談室に関して認知度がある学生とそうでない学生では，被援助志向性および被援助志向性に関連する変数の影響は異なると予想される。そこで学生相談室の認知度による各変数の違いを検討するために，認知度を測定する3項目いずれも「いいえ」と回答した学生を「非認知群」（$n=212$），いずれかで「はい」と回答した学生を「認知群」（$n=126$）に群分けした。学生相談室の「非認知群」と「認知群」の差を検討するために，各変数についてt検定を実施した（Table 6-6）。その結果，すべての問題領域における被援助志向性，利用のメリット，大学の先生からの利用期待，行動統制感において有意な差が認められた。いずれにおいても「認知群」の方が，「非認知群」よりも得点が高く，学生相談室に関する認知度によって被援助志向性，利用のメリット，大学の先生からの利用期

Table 6-6　学生相談室の非認知群と認知群における各得点の比較

	学生相談室に対する認知		
	非認知群 $n=212$	認知群 $n=126$	t 値
学生相談に対する被援助志向性			
対人・社会面	4.04（2.59）	4.98（2.84）	$t(336)=3.09**$
心理・健康面	4.04（2.69）	5.02（2.93）	$t(336)=3.15**$
修学・進路面	5.67（3.21）	6.44（3.49）	$t(336)=2.06*$
学生相談利用のメリット	51.52（12.80）	55.76（13.54）	$t(336)=2.88**$
周囲からの利用期待			
友達からの利用期待	2.95（1.44）	3.11（1.44）	$t(336)=1.01$
家族からの利用期待	2.86（1.51）	2.94（1.52）	$t(336)=0.46$
先生からの利用期待	3.64（1.47）	4.10（1.38）	$t(336)=2.84**$
知覚された行動統制感	7.33（2.48）	8.10（2.51）	$t(336)=2.71**$

$**p<.01, *p<.05$

待そして行動統制感に違いがあることが明らかとなった。

3）学生相談に対する被援助志向性を予測する要因の検討

　学生相談に対する被援助志向性を予測する要因を検討するため，3つの問題領域ごとに，被援助志向性を目的変数，性別・年齢・メリット・利用期待・行動統制感を説明変数とした階層的重回帰分析（強制投入法）を実施した。なお，認知度によって各変数に差が認められたため，分析は学生相談室の「認知群」と「非認知群」に分けて実施した。名義尺度である性別については，男性に1点，女性に0点を与えダミー変数を作成した。階層的重回帰分析を用いたのは，先行研究で被援助志向性との関連が指摘されているデモグラフィック変数を統制した上でのメリット・周囲からの利用期待・知覚された行動統制感の説明力を検討するためである。なお周囲からの利用期待については，友達，家族，大学の先生の間のそれぞれの相関係数が高く（友達と家族：$r=.73$，友達と大学の先生：$r=.41$，家族と大学の先生：$r=.51$），多重共線性が懸念されるため3つの合計得点を算出し変数として投入した。分析の結果が Table 6-7，6-8 である。

　Step 1 では，先行研究より被援助志向性との関連が指摘されているデモグラフィック変数として性別と年齢を投入した。その結果，認知群の修学・進路面においてのみ，R^2が有意であった。次に，性別・年齢の変数を統制した上でのメリット・利用期待・統制感の説明力を検討するため，Step 2 でメリット・利用期待・統制感の3変数を投入した。その結果，どちらの群においてもすべての問題領域において R^2 が有意に増加した。この結果より，デモグラフィック変数を統制した上で，メリット・利用期待・行動統制感が有意に被援助志向性を予測することが明らかとなった。また，全体では，非認知群で被援助志向性の分散の13％〜28％が，認知群では25％〜36％が説明された。

　標準偏回帰係数に着目すると，学生相談利用のメリットと周囲からの利用

Table 6-7 学生相談に対する被援助志向性を目的変数とした階層的重回帰分析の結果（非認知群）

説明変数	対人・社会面			心理・健康面			修学・進路面		
	Step 1 (β)	Step 2 (β)	r	Step 1 (β)	Step 2 (β)	r	Step 1 (β)	Step 2 (β)	r
性別	.031	.002	.027	.089	.059	.085	-.034	-.051	-.036
年齢	-.135	-.128*	-.134*	-.136*	-.127*	-.133*	-.064	-.055	-.064
メリット	—	.255**	.316**	—	.250**	.315**	—	.289**	.320**
利用期待	—	.196**	.272**	—	.242**	.318**	—	.159*	.227**
統制感	—	.026	.116*	—	-.011	.091	—	-.047	.042
R^2	.019	.154**		.026	.275**		.005	.132**	
ΔR^2	—	.135**		—	.183**		—	.127**	

**$p<.01$, *$p<.05$

Table 6-8 学生相談に対する被援助志向性を目的変数とした階層的重回帰分析の結果（認知群）

説明変数	対人・社会面			心理・健康面			修学・進路面		
	Step 1 (β)	Step 2 (β)	r	Step 1 (β)	Step 2 (β)	r	Step 1 (β)	Step 2 (β)	r
性別	-.004	.009	-.022	-.008	-.005	-.023	-.083	-.053	-.110
年齢	-.151	-.186*	-.152*	-.129	-.182**	-.130	-.229**	-.267**	-.239**
メリット	—	.339**	.414**	—	.330**	.456**	—	.350**	.416**
利用期待	—	.247**	.305**	—	.370**	.432**	—	.294**	.341**
統制感	—	.056	.174*	—	.123	.243**	—	-.017	.090
R^2	.023	.253**		.017	.364**		.064*	.314**	
ΔR^2	—	.230**		—	.347**		—	.250**	

**$p<.01$, *$p<.05$

期待は，すべての問題領域において被援助志向性への有意な正の影響力が認められた。つまり学生相談利用のメリットに関する評価が高いほど，そして周囲からの利用期待を強く感じているほど，学生相談に対する被援助志向性が高いことが明らかとなった。年齢は非認知群の修学・進路面以外のすべてにおいて負の影響力が認められ，年齢が低いほど被援助志向性が高いことが明らかとなった。性別および知覚された行動統制感は被援助志向性に対して

有意な影響力は認められなかった。

6．本調査：考察

研究3の目的は，大学生の学生相談に対する被援助志向性を予測する要因を検討することであった。分析の結果，本研究で着目した変数により学生相談に対する被援助志向性の分散の13〜36％が説明された。またデモグラフィック変数を統制してもなお，メリット・利用期待の変数により被援助志向性が有意に予測された。つまり大学生の学生相談利用のメリットを高く評価しているほど，また学生相談利用に対する周囲からの期待を強く感じているほど被援助志向性が高いことが明らかとなった。しかし，知覚された行動統制感については被援助志向性との関連は認められなかった。以下に本研究で明らかになったことについて考察し，大学生に対する効果的な学生援助サービスの提供方法について被援助志向性の観点から提案したい。

1）学生相談室の認知度と被援助志向性

本研究より，大学生の半数以上が学生相談室に関して具体的な知識を有していないことが明らかとなった。西山ら（2005）の学生相談室の存在は知っていても，具体的な知識は有している学生は少ないとする報告に一致する結果であった。認知度を有している学生の方が被援助志向性や利用のメリット，そして周囲からの利用期待が高いという結果からも，学生相談室の認知度を高めるための効果的な広報活動について検討する必要があるだろう。ただ存在を認識させるだけでは不十分であり，実際の学生相談室の利用には結びつきづらいと考えられる。

2）被援助志向性と利用のメリットとの関連

学生相談に対する被援助志向性と利用のメリットとの関連について，学生相談利用のメリットを高く評価しているほど大学生の学生相談に対する被援

助志向性が高いという結果が得られた。これは，専門的な心理的援助に対する態度が肯定的なほど援助要請意図が高いとする結果（Kahn & Williams, 2003）や援助要請に関わる利益やコストの認知が援助要請のしやすさに関連するという結果（高野・宇留田，2004）を支持するものであり，一般的な専門的心理援助のみならず，学生相談においても利用に対する肯定的な評価が被援助志向性に影響を及ぼすことが明らかとなった。学生相談利用のメリットを低く評価している学生ほど，学生相談に対する被援助志向性が低いということである。したがって，自分自身で解決できない問題を抱えた学生の学生相談に対する被援助志向性を高めるためには，学生相談利用のメリットを認識してもらえるよう働きかける必要である。

メリットに関する項目には，「問題や悩みが解決する」，「気持ちが楽になる」そして「秘密を守ってくれる」といった学生相談利用の効果や有効性・専門性に関する項目が含まれている。したがって，学生相談に対する被援助志向性を高める方法として，カウンセリングや学生援助サービスの効果を実証的に検証し，その効果や専門性を学生にPRしていくことで学生相談に対する信頼感を高めていくことが必要である。

3）被援助志向性と周囲からの利用期待との関連

次に周囲からの利用期待に着目すると，標準偏回帰係数は βs＝.159〜.370 とやや低い問題領域もあったが，すべての問題領域における被援助志向性への正の影響力が認められ，学生相談室の利用に関して周囲からの期待を強く感じている学生ほど，学生相談に対する被援助志向性が高いことが示唆された。

この結果は，学生相談室の利用にあたって，学生は周囲の人物が学生相談室の利用をどのように捉えているかを気にしており，問題を抱えたときに友人や家族が学生相談室を利用するべきだという考えを持っていると感じている学生ほど，学生相談室の利用意志が高いことを示している。逆にいえば，

友人や家族，そして大学の教員が，学生相談室の利用を消極的あるいは否定的に捉えていると学生が認識している場合は，学生相談室に対する被援助志向性は低いことを意味する。したがって家族や友人あるいは大学の教職員といった大学生を取り巻く重要な人物が，積極的に相談室の利用を勧めることで，学生は周囲からの利用期待を強く感じ，学生相談室に対する被援助志向性が高まると期待される。そのためには，大学生だけでなく，保護者や教職員に対しても積極的な学生相談室のPRが必要であると考えられる。

また，Komoiya et al., (2000) は311名の大学生に対して汚名の心配と大学生のカウンセラーへの援助要請態度の関連を指摘しているが，従来指摘されてきた汚名の心配と周囲からの学生相談室の利用期待との関係について今後明らかにする必要がある。

4）被援助志向性と知覚された行動統制感との関連について

本研究では知覚された行動統制感は学生相談に対する被援助志向性と一部の領域で正の相関が認められたが，重回帰分析においては被援助志向性を予測する変数としては抽出されず，被援助志向性を予測する要因としては，メリットと利用期待に比べて影響力が低いことが明らかとなった。学生相談室に対する被援助志向性には，援助を求める対象として学生相談室を選択するかどうかの判断が影響し，メリットと利用期待がその判断基準の要因となっていると考えられる。一方，行動統制感は，被援助志向性よりも援助を求める対象として学生相談室を選択した後の，実際に学生相談室を利用するかどうかの行動面への影響が強いと解釈することができる。この点については今後さらなる検討が必要である。

5）大学生の学生相談に対する被援助志向性を高めるためのアプローチの提案

本研究の結果より，大学生の学生相談に対する被援助志向性を高めるため

のアプローチとして，大学生の学生相談利用のメリットに関する評価を高めること，また，学生が周囲の人物からの相談室利用の期待を強く感じるよう働きかける方法が有効であることが示唆された。そのためには，両方に共通することであるが，大学における学生相談活動の役割と位置づけを明確にし，その有効性を高め，そして大学生だけでなくその保護者や大学教職員にも認知してもらうことが必要であると考えられる。なぜなら，学生相談利用のメリットに関する評価は，学生相談を利用することの有効性や効果，専門性に関するものが多いからである。学生や保護者，大学教職員にとって，もし周囲に問題を抱えている学生がいても学生相談がどのような役割を果たしどのような活動を行っているのか，そして学生相談活動の効果について明確に理解していなければ，学生相談室の利用を勧めることにはつながらないだろう。したがって，大学生に対して学生相談利用のメリットに関する評価が高まるように，また周囲からの相談室利用の期待を強く感じられるよう働きかけるとともに，各大学における学生のニーズや現状に合わせた学生相談活動の役割と位置づけを明確にし，大学全体でそれらを共有して学生を支援していく姿勢が必要であろう。

　さらに今述べたことと関連するが，問題を抱えた学生が自発的に適切な援助を求めるという観点とともに，大学生を取り巻く周囲の人々がその問題に気づき適切な援助の利用を勧めるという観点を持つことで問題の早期発見と介入に結びつき2次予防へとつながる。そのためには，学生相談のPRあるいは大学生のメンタルヘルスに関する心理教育的なアプローチは，大学生に学生相談や心理的な問題を自分自身の問題として捉えてもらうこととともに，周りの友人達の問題としても捉えてもらえるように工夫することが必要である。そうすることで周囲からの適切なリファーにつながると考えられる。大学生は学生相談よりも友達や家族に援助を求めることを好む傾向があることからも（研究1：第4章），学生相談室はインフォーマルな援助者も学内の支援者と位置づけて学生の支援にあたる姿勢が重要であろう。しかし，

本研究では，周囲からの利用の勧めが実際に学生の利用期待を高めることにつながるかどうかまでは検討されておらず，今後の課題といえる。

　被援助志向性の観点からの学生援助サービスの提供にあたり，水野ら(2006)は，被援助志向性を高める方向性と被援助志向性が低い学生でも利用できる援助システムの構築の方向性を指摘している。デモグラフィック変数やパーソナリティ変数に関連した被援助志向性の低さに対しては，変数の操作は困難なため，被援助志向性が低い学生にも利用しやすいサービスを提供する必要があろう。本研究では年齢が高いほど学生相談に対する被援助志向性が低いことが明らかとなった。学生相談についてのガイダンスやオリエンテーションは新入生を対象に行われることが多いが，新入生のみでなく2年次生以上の学生に対しても継続的に実施する必要があるだろう。

　一方で，被援助志向性を高めるアプローチとしては，操作可能な変数に働きかけることで可能となる。本研究で被援助志向性との関連が指摘された，学生相談利用のメリットに関する評価および周囲の人物からの利用期待は，変容可能な変数と考えられる。さらに，デモグラフィック変数を統制してもなお，その影響が確認された。したがって，学生相談からのサービスの提供にあたっては，メリットに関する評価と周囲からの利用期待を高めることがまずは取り掛かりやすい介入のターゲットであるといえる。

第7章 【研究4】学生相談利用の勧めが被援助志向性に及ぼす影響

1．目的

研究3から，周囲からの利用期待が学生相談に対する被援助志向性と関連することが明らかとなった。では，学生は実際に周囲から学生相談室の利用を勧められた場合に，学生相談室を利用しようという意識は高まるのであろうか。

そこで研究4では，周囲の人物からの学生相談利用の勧めが，大学生の学生相談への被援助志向性に及ぼす影響について，抱える問題の領域ごとに，勧める人物の違い，援助不安および先行研究より被援助志向性との関連が指摘されている自尊感情（研究1：第4章）に焦点をあてて検討することを目的とする。

2．方法

1）調査対象と手続き

関東圏の大学生を対象に2005年4月に，質問紙調査を実施した。計248名からの回答が得られ，その中から欠損値を含む票を除外し，計238名（男性105名，女性131名，不明2名）のケースを分析の対象とした。有効回答率は96.0％であった。平均年齢は19.22歳（$SD=1.59$）であった。

2）質問紙の構成

調査で用いた質問紙の構成は以下のとおりであった。

学生相談室への被援助志向性　研究1（第4章）と同様に3つの問題領

域，それぞれ2つの悩み（A．対人・社会面：①「対人関係」，②「恋愛・異性」，B．心理・健康面：①「性格・外見」，②「健康」，C．修学・進路面：①「進路・将来」と②「学力・能力」）について，もし自分ひとりで解決できない場合，どの程度学生相談室を利用しようと思うか5件法で回答を求めた。得点が高いほど被援助志向性が高いことを示す。

周囲の人物から学生相談室の利用を勧められた場合の学生相談への被援助志向性 学生相談室への被援助志向性と同様に3つの問題領域それぞれ2つの悩みについて，自分ひとりで解決できない場合に，大学の先生・大学の友達（学生相談室を利用した経験がある）・大学の友達（学生相談室を利用した経験がない）・家族・学生相談室のカウンセラーのそれぞれの人から学生相談室の利用を勧められた場合，どの程度学生相談室を利用しようと思うか5件法で回答を求めた。得点が高いほど，勧められた場合の被援助志向性が高いことを示す。

自尊感情尺度 Rosenberg（1965）によって開発された自尊感情尺度を山本ら（1982）が翻訳したものを使用した。10項目からなる尺度で，「1：あてはまらない」～「5：あてはまる」の5件法で回答を求めた。得点が高いほど，自尊感情が高いことを示す。

学生相談への援助不安尺度 学生相談に援助を求める際に生じる主観的な不安を測定するため，研究1で作成した学生相談への援助不安尺度を用いた。呼応性の心配に関する4項目（「学生の問題を理解してくれないだろう」，「私が相談したことを解決できないだろう」など）と，汚名の心配に関する4項目（「相談したら，能力の低い学生だと思われるだろう」，「相談したら学生としての在籍や成績に悪い影響が出るだろう」など）の計8項目からなる尺度で，「1：まったくあてはまらない」～「5：非常によくあてはまる」の5件法で回答を求めた。得点が高いほど，援助不安が高いことを示す。

3. 結果

援助不安，自尊感情，および学生相談の利用を勧める人物の要因が学生相談への被援助志向性に及ぼす影響を検討するために，援助不安，自尊感情，勧める人を独立変数，被援助志向性を従属変数とした3×3×6の3要因分散分析を実施した。援助不安と自尊感情は参加者間要因，勧める人物は参加者内要因であった。援助不安と自尊感情については，それぞれの変数の合計得点の平均値±1/2SDを基準に低・中・高群に群分けした。学生相談への

Table 7-1 対人・社会面における被援助志向

A：援助不安	B：自尊感情	C：学生相談の利用		
		1：利用の勧めなし	2：大学の先生	3：大学の友人（利用経験なし）
低群	低群 $n=23$	3.91 (1.98)	5.87 (1.92)	5.17 (2.06)
	中群 $n=36$	4.42 (2.05)	5.06 (2.30)	4.47 (1.91)
	高群 $n=23$	3.48 (1.58)	4.52 (1.93)	3.96 (1.78)
中群	低群 $n=26$	3.35 (1.04)	4.31 (1.56)	4.27 (1.74)
	中群 $n=31$	4.16 (2.03)	5.10 (1.96)	4.39 (1.86)
	高群 $n=24$	4.42 (1.91)	5.17 (2.13)	4.50 (1.91)
高群	低群 $n=19$	4.21 (1.64)	5.05 (1.36)	4.47 (1.19)
	中群 $n=38$	4.18 (1.81)	4.76 (1.87)	4.29 (1.86)
	高群 $n=18$	4.00 (1.86)	4.33 (1.63)	3.78 (1.84)

注）表中の数値は平均値を，（ ）内の数値は標準偏差を示す。

援助不安得点の平均値は17.90（SD = 5.45），自尊感情得点の平均値は28.06（SD = 6.95）であった。なお多重比較には Tukey 法を用い有意水準を5％に設定した。

1）対人・社会面

対人・社会面における被援助志向性得点の平均値と標準偏差および分散分析の結果が Table 7-1 である。分散分析の結果，勧めた人物の主効果（$F(5, 1145) = 74.32$, $p < .01$），自尊感情と勧めた人物の交互作用（$F(10, 1145) = 1.93$,

性得点の平均値と標準偏差および分散分析の結果

を勧めた人物			
4：大学の友人（利用経験あり）	5：家族	6：学生相談室のカウンセラー	分散分析の結果
6.13（2.13）	4.26（2.00）	6.57（1.79）	C：$F(5, 1145) = 74.32$, $p < .01$
6.00（2.25）	4.61（1.75）	5.89（2.33）	A × C：$F(10, 1145) = 2.49$, $p < .01$
			C6：A 低＞A 中，A 高
5.61（2.18）	4.13（1.73）	5.57（2.12）	A 低：1＜5, 3＜2＜4, 6
5.92（2.13）	4.31（1.49）	5.04（1.68）	A 中：1＜3, 5, 2＜6, 4; 3＜2
5.65（1.99）	4.42（1.98）	5.42（2.09）	A 高：5, 1, 3＜2, 6＜4
5.75（1.61）	5.00（2.00）	5.54（2.08）	B × C：$F(10, 1145) = 1.93$, $p < .05$
6.21（1.96）	4.11（1.68）	5.32（1.92）	B 低：1＜5＜3＜2＜6＜4
5.34（2.25）	4.50（2.05）	5.13（2.05）	B 中：1, 3, 5＜2＜6, 4
4.94（2.07）	3.72（1.52）	4.67（1.86）	B 高：1, 3, 5＜2＜6, 4

$p<.05$)，および援助不安と勧めた人物の交互作用（$F(10, 1145)=2.49, p<.01$）が有意であった。自尊感情と勧めた人物の交互作用について検討するため，群別に単純主効果を検定した結果，自尊感情の低群（$F(5, 1145)=39.13, p<.01$），中群（$F(5, 1145)=18.71, p<.01$），高群（$F(5, 1145)=20.33, p<.01$）のすべてにおいて勧めた人物の単純主効果が有意であった。そこで自尊感情の各群において多重比較を実施した結果，低群では周囲の人から学生相談の利用を勧められた場合の学生相談室への被援助志向性は勧められない場合の被援助志向性よりも有意に得点が高かった。中群と高群では大学の先生，学生相談室のカウンセラー，学生相談の利用経験のある大学の友人から学生相談室の利用を勧められた場合の被援助志向性得点は勧められない場合より有意に高かったが，利用経験のない大学の友人および家族から勧められた場合の被援助志向性得点は勧められない場合と有意な差は認められなかった。

次に援助不安と勧めた人物の交互作用について検討するため，群別に単純主効果を検定した結果，援助不安低群（$F(5, 1145)=38.98, p<.01$），中群（$F(5, 1145)=22.75, p<.01$），高群（$F(5, 1145)=20.33, p<.01$）のすべてにおいて勧めた人物の単純主効果が有意であった。そこで援助不安の各群において多重比較を実施した結果，低群と中群では周囲の人から学生相談の利用を勧められた場合の被援助志向性得点は，勧められない場合よりも得点が高かった。また，学生相談室のカウンセラーおよび学生相談の利用経験のある大学の友人に学生相談室の利用を勧められた場合にもっとも学生相談への被援助志向性が高かった。高群では，学生相談室の利用経験のない大学の友人および家族から勧められた場合は，利用を勧められない場合と被援助志向性の差は認められないが，大学の先生，学生相談室のカウンセラー，学生相談の利用経験のある大学の友人から勧められた場合の被援助志向性は，勧められない場合の被援助志向性よりも得点が有意に高かった。

また，すべての問題領域において学生相談のカウンセラーからの勧めの群における援助不安の単純主効果が有意であり（対人・社会面：$F(2, 229)=4.31,$

$p<.05$；心理・健康面：$F(2, 229)=4.21, p<.05$；修学・進路面：$F(2, 229)=8.89, p<.01$)，多重比較を実施した結果，援助不安低群は中群と高群に比べて，学生相談室のカウンセラーから勧められた場合の被援助志向性得点が有意に高かった。

2）心理・健康面

心理・健康面における被援助志向性得点の平均値と標準偏差および分散分析の結果が Table 7-2 である。分散分析の結果，勧めた人物の主効果（$F(5, 1145)=55.24, p<.01$），および援助不安と勧めた人物の交互作用（$F(10, 1145)=2.88, p<.01$）が有意であった。援助不安と勧めた人物の交互作用について検討するため，群別に単純主効果を検定した結果，援助不安低群（$F(5, 1145)=35.14, p<.01$），中群（$F(5, 1145)=15.71, p<.01$），高群（$F(5, 1145)=10.16, p<.01$）のすべてにおいて勧めた人物の単純主効果が有意であった。そこで援助不安の各群において多重比較を実施した結果，低群では周囲の人から学生相談室の利用を勧められた場合の被援助志向性得点はすべてにおいて，勧められない場合の被援助志向性得点よりも有意に得点が高かった。また，学生相談室のカウンセラーに勧められた場合の被援助志向性得点はもっとも高かった。中群では家族，大学の先生，学生相談室のカウンセラー，学生相談の利用経験のある大学の友人に学生相談室の利用を勧められた場合の被援助志向性得点が，勧められない場合および利用経験の大学の友人から勧められた場合よりも有意に得点が高かった。高群では大学の先生，学生相談室のカウンセラー，学生相談室の利用経験のある大学の友人から勧められた場合の被援助志向性得点が，勧められない場合の被援助志向性得点と比べて有意に得点が高かった。

3）修学・進路面

修学・進路面における被援助志向性得点の平均値と標準偏差および分散分

析の結果が Table 7-3 である。分散分析の結果，勧めた人物の主効果（$F(5, 1145) = 54.48, p < .01$），および援助不安と勧めた人物の交互作用（$F(10, 1145) = 3.06, p < .01$）が有意であった。援助不安と勧めた人物の交互作用について検討するため，群別に単純主効果を検定した結果，援助不安低群（$F(5, 1145) = 31.62, p < .01$），中群（$F(5, 1145) = 16.38, p < .01$），高群（$F(5, 1145) = 12.61, p < .01$）のすべてにおいて援助不安の単純主効果が有意であった。そこで援助不安の各群において多重比較を実施した結果，低群と中群では学生相談の利用経験がある大学の友人，大学の先生，学生相談室のカウンセラーから学生相談室

Table 7-2　心理・健康面における被援助志向

A：援助不安	B：自尊感情	C：学生相談の利用		
		1：利用の勧めなし	2：大学の先生	3：大学の友人（利用経験なし）
低群	低群 $n=23$	4.04（2.07）	6.17（2.33）	5.04（2.49）
	中群 $n=36$	4.42（1.98）	5.19（2.30）	4.58（2.09）
	高群 $n=23$	3.91（1.91）	4.57（1.72）	3.91（1.74）
中群	低群 $n=26$	4.00（1.30）	5.04（1.63）	4.38（1.57）
	中群 $n=31$	4.35（1.96）	5.45（2.12）	4.65（2.04）
	高群 $n=24$	4.58（2.40）	5.25（2.38）	4.50（2.02）
高群	低群 $n=19$	4.68（2.20）	5.32（2.15）	4.84（2.03）
	中群 $n=38$	4.45（1.87）	5.21（2.24）	4.74（2.18）
	高群 $n=18$	3.78（1.44）	4.17（1.64）	3.78（1.72）

注）表中の数値は平均値を，（　）内の数値は標準偏差を示す。

の利用を勧められた場合の被援助志向性得点が，勧められない場合と家族および利用経験のない大学の友人から勧められた場合の被援助志向性得点よりも有意に得点が高かった。高群では学生相談室のカウンセラーと大学の先生から学生相談室の利用を勧められた場合の被援助志向性が勧められない場合の被援助志向性よりも有意に得点が高かったが，学生相談室の利用経験がない大学の友人から学生相談室の利用を勧められた場合は利用を勧められない場合よりも有意に得点が低かった。

性得点の平均値と標準偏差および分散分析の結果

を勧めた人物			
4：大学の友人（利用経験あり）	5：家族	6：学生相談室のカウンセラー	分散分析の結果
6.04（2.68）	4.65（2.55）	6.74（2.49）	C：$F(5, 1145) = 55.24, p < .01$
5.81（2.31）	5.33（1.94）	6.03（2.40）	A×C：$F(10, 1145) = 2.88, p < .01$
5.52（2.14）	4.96（2.20）	5.96（2.24）	C6：A低＞A中，A高
5.73（2.12）	4.73（1.63）	5.42（1.69）	A低：1＜3＜5，2＜4＜6
5.74（2.30）	4.84（2.05）	5.52（2.08）	A中：1, 3＜5, 2, 6, 4; 5, 2＜4
5.42（2.33）	5.21（2.33）	5.46（2.55）	A高：1, 3, 5＜6, 4; 1, 3＜2, 4
6.00（2.53）	4.89（1.71）	5.74（2.42）	
5.42（2.21）	4.89（2.28）	5.26（2.28）	
4.67（2.08）	3.89（1.52）	4.56（2.06）	

4. 考察

本研究では，周囲の人物からの学生相談利用の勧めが大学生の学生相談への被援助志向性に及ぼす影響について検討することを目的とした。本研究の結果より，周囲からの学生相談利用の勧めが大学生の学生相談への被援助志向性を高めることが明らかとなった。特に，学生相談の利用経験がある大学の友人や，学生相談室のカウンセラーから勧められた場合の被援助志向性が高く，援助不安が高い学生に対しても，効果的であることが明らかとなっ

Table 7-3 修学・進路面における被援助志向

A：援助不安	B：自尊感情	C：学生相談の利用		
		1：利用の勧めなし	2：大学の先生	3：大学の友人（利用経験なし）
低群	低群 $n=23$	6.87 (2.33)	8.48 (1.53)	6.35 (2.46)
	中群 $n=36$	6.39 (2.46)	7.36 (2.42)	6.19 (2.12)
	高群 $n=23$	6.09 (2.17)	7.17 (2.32)	5.22 (2.41)
中群	低群 $n=26$	5.35 (1.98)	6.85 (1.90)	5.00 (1.78)
	中群 $n=31$	6.13 (2.35)	7.32 (1.84)	5.61 (1.96)
	高群 $n=24$	5.75 (2.38)	7.00 (2.36)	5.96 (2.44)
高群	低群 $n=19$	6.37 (2.21)	7.42 (1.93)	6.42 (1.73)
	中群 $n=38$	6.18 (2.10)	6.89 (2.34)	5.39 (1.94)
	高群 $n=18$	6.50 (2.41)	6.83 (2.06)	4.89 (2.08)

注）表中の数値は平均値を，（　）内の数値は標準偏差を示す。

た。実際に学生相談に携わる人物や利用者が勧めた場合には説得力あるいは安心感があると解釈することができる。「修学・進路面」の問題では，大学の先生から勧められた場合の被援助志向性がもっとも高く，この結果からも，抱える問題について専門的な知識を有する人物からの勧めは説得力があるのだろう。

一方で，必ずしもすべてにおいて周囲からの学生相談の勧めが有効なわけではない。「修学・進路面」の問題においては，援助不安が高い学生は，学生相談の利用経験のない友人から勧められた場合は被援助志向性が低下する

性得点の平均値と標準偏差および分散分析の結果

を勧めた人物			
4：大学の友人（利用経験あり）	5：家族	6：学生相談室のカウンセラー	分散分析の結果
7.83（2.10）	6.00（2.67）	8.91（1.25）	C：$F(5, 1145) = 54.48, p < .01$
7.25（2.34）	6.36（1.99）	7.33（2.37）	A×C：$F(10, 1145) = 3.06, p < .01$
			C6：A低 > A中，A高
7.26（2.34）	6.09（2.24）	7.39（2.20）	A低：3, 5, 1 < 4, 2, 6; 3 < 1; 4 < 6
6.38（2.19）	5.65（1.84）	6.00（1.80）	A中：3, 1, 5 < 6, 4, 2; 6 < 2
7.03（2.06）	5.74（2.23）	6.71（2.08）	A高：3 < 5, 1, 4, 6, 2; 5 < 4, 6, 2; 1 < 6, 2
6.86（2.35）	6.33（2.30）	6.63（2.31）	
7.47（2.09）	6.63（2.08）	7.53（2.01）	
6.53（2.15）	5.95（2.39）	6.53（2.24）	
6.11（2.23）	6.17（2.37）	6.56（2.11）	

可能性が示唆された。したがって，学生相談の利用経験のない学生が学生相談室の利用を勧める場合には，十分な配慮が必要であるといえる。

　また援助不安が低い学生の方が高い学生よりも，周囲の人から学生相談室の利用を勧められた場合の被援助志向性への影響が強く，より多くの人物からの勧めが効果的であることが示唆された。したがって，援助不安の高い学生に対しては，大学生の学生相談への援助不安を低減させるアプローチを実施したり，学生が抱える援助を求めることに対する不安に配慮しながら学生相談室の利用を勧めることが必要であると考えられる。

　自尊感情との関連については，「対人・社会面」の問題で，自尊感情の低群は周囲のすべての人物からの学生相談室利用の勧めで被援助志向性が高まったが，中群，高群の学生は，利用経験のない大学の友人と家族から勧められた場合には被援助志向性に変化は認められなかった。したがって，学生の自尊感情の観点から見ても，学生相談に関連のある人物あるいは携わる人物からの学生相談室利用の勧めが効果的であると考えられる。

第3部　学生相談の利用を勧める意識

　第2部において学生相談への援助要請の促進に向けて，周囲の意識や周囲からの利用の勧めが関連していることが明らかとなった。そこで第3部では，大学生が友人に対して学生相談機関の利用を勧めることをどのように捉えているのかを明らかにする。第8章では，大学生の友人に学生相談の利用を勧める意識に関連する要因について，学生相談利用に対する態度，学生相談室の認知度，悩みの経験に焦点をあてて検討する。第9章では，抑うつ症状に焦点をあてて，自分自身が利用する場合と友人に利用を勧める場合とでどのような違いがあるのか（パーソナル・サービス・ギャップ）を検討する。

第8章 【研究5】学生相談の利用を勧める意識に関連する要因の検討

1．目的

　研究4から，学生相談の利用において，周囲からの利用の勧めが利用の意識を高まることが示唆された。では，大学生は友人に対して学生相談の利用を勧めることをどのように捉えているのだろうか。

　援助を必要としながらも学生相談機関の利用をためらう人や回避する人に対しては，必要とされる適切なサポートや援助が受けられるよう，本人の自発的な来談を待つだけでなく，周囲からの働きかけにより学生相談機関の利用につなげていく援助も必要であろう。Cusack et al.（2004）は専門的な心理的援助を受けた男性の96％は，援助要請行動の意思決定に他者の助言が影響していたと報告しており，学生相談室を含めた専門的な相談機関の利用にあたっては，その意思決定において周囲の人物が与える影響は大きいと考えられる。

　では，専門的な相談機関の利用を他者に勧める行動にはどのような要因が関連しているのであろうか。女子短期大学生174名を対象に，友人に学生相談室の利用を勧める意識を検討した木村・水野（2009）は，同じ問題や悩みであれば，自分自身が学生相談室を利用する意識よりも友人に利用を勧める意識の方が高く，さらに「修学・進路面」の問題でもっとも利用を勧める意識が高かったと報告している。また，友人に学生相談室の利用を勧める意識は，自身の学生相談利用に対する意識の高さ，援助を求める際の不安の低さが関連していたと報告している。しかし，この研究では利用を勧める意識について男性のサンプルが検討されておらず，さらにこの研究で取り上げた要

因以外にも，利用を勧める意識に関連する要因が存在することが予測される。例えば，自分自身が学生相談を利用する場合を検討した研究では，学生相談に対する援助要請の態度や認知度の関連が指摘されており（研究1・3；伊藤，2006；高野ら，2008），周囲に利用を勧める際にも，それらの変数の関連が予測される。また，悩みを経験しているほど，悩みへの対処方法を検討していると考えられ，学生相談の利用についても対処法の一つとして検討している可能性が高いことから，周囲に利用を勧める意識も高いと予測される。

そこで研究5では，大学生の友人に学生相談の利用を勧める意識に関連する要因について，学生相談利用に対する態度，学生相談室の認知度，悩みの経験に焦点をあてて検討することを目的とする。

2．方法

1）対象と手続き

関東圏の2つの大学（A大学・B大学）に在籍する大学生212名を対象に質問紙調査を実施した。両大学とも男女共学の私立4年制大学であり，A大学は社会科学系学部をB大学は人文科学系学部を中心とした小規模の単科大学である。また，両大学ともに専門的な相談機関として学生生活や進路・修学についての心理的援助を中心とした『学生相談室』が設置されており，相談員は専任教員が兼担し，加えてB大学では非常勤のカウンセラーが勤務している。なお医師は担当していない。両大学ともに小規模の単科大学であり，学生相談機関の性質が類似していることから，分析は大学で分けずに実施した。

2008年1月および7月に大学の講義の時間に質問紙を配布し，その場で回収した。実施にあたり研究の目的を説明し，研究協力の同意が得られた学生のみに調査を実施した。欠損値のあるケースを除外した198名（男性99名，女性99名，有効回答率93.4%）を分析の対象とした。年齢の平均は20.30歳（$SD=$

1.89，不明5名）であった。

2）質問紙

学内の同性・異性の友人に学生相談の利用を勧める意識　大学生が学内の友人に学生相談の利用を勧めることについてどのように捉えているかを測定するために，木村・水野（2009）で使用された項目を用いた。「対人・社会面」，「心理・健康面」，「修学・進路面」の3つの問題領域について，それぞれ2つの悩み（「対人・社会面」：「対人関係」「恋愛・異性」，「心理・健康面」：「性格・外見」「健康」，「修学・進路面」：「進路・将来」「学力・能力」）を提示し，学内のもっとも仲の良い友人が自分ひとりでは解決できずに悩んでいる場合，どの程度学生相談室の利用を勧めようと思うか5件法で尋ねた。なお友人については同性の友人と異性の友人それぞれの場合を想定して回答を求めた。3つのそれぞれの問題領域における利用を勧める意識の得点は，各問題領域の2つの悩みにおける利用を勧める意識の回答を合計したものとした（$range = 2 \sim 10$）。

悩みの経験　悩みの経験の程度を測定するために，学生相談の利用を勧める意識の測定と同様の項目を用いて，自分自身がその悩みを経験したことがあるかどうかを5件法で尋ねた。各問題領域の悩みの経験得点は，各問題領域の2つの悩みの経験の回答を合計し得点化した（$range = 2 \sim 10$）。

学生相談利用のメリット　学生相談利用に対する態度を測定するため，研究3によって作成された学生相談利用のメリット尺度を用いた。この尺度は学生相談を利用することのメリットをどの程度評価しているかを測定する尺度で，13項目（例：「アドバイスや助言がもらえる」，「悩みを話したり，聞いてもらうことで気持ちが楽になる」，「話を親身に聞いてくれる」など）からなり，α係数は.91と報告されている。研究3では7件法で回答を求めているが，本研究では他の質問項目に合わせて5件法で回答を求めた。全項目の合計得点を学生相談利用のメリット得点とした（$range = 13 \sim 65$）。

学生相談に対する認知度 学生相談室に対する認知度を測定するため，学生相談室の場所とカウンセラーの認知の2項目について2件法（はい，いいえ）で回答を求めた。

3．結果

1）各変数の記述統計量

分析に用いた各変数の記述統計量は Table 8-1 の通りであった。なお，学生相談利用のメリット尺度については，本研究のサンプルでは，α 係数は .89の値が得られた。

Table 8-1　各変数の記述統計量

変数	M (SD)
同性の友人への利用の勧め	
対人・社会面	5.11 (2.09)
心理・健康面	5.30 (1.85)
修学・進路面	6.76 (2.33)
異性の友人への利用の勧め	
対人・社会面	5.25 (2.11)
心理・健康面	5.48 (2.11)
修学・進路面	6.77 (2.39)
悩みの経験	
対人・社会面	6.74 (2.34)
心理・健康面	5.59 (2.26)
修学・進路面	7.35 (2.18)
学生相談利用のメリット	44.25 (8.46)

変数	人数	
学生相談に対する認知度	はい	いいえ
場所の認知	79	119
カウンセラーの認知	33	165

Table 8-2　友人に学生相談の利用を勧める意識の平均値と標準偏差

勧める相手	性別	問題領域		
		対人・社会面	心理・健康面	修学・進路面
同性	男性	5.09（1.94）	5.29（1.69）	6.60（2.36）
	女性	5.12（2.25）	5.31（2.02）	6.93（2.30）
異性	男性	5.17（1.91）	5.49（2.01）	6.55（2.41）
	女性	5.32（2.31）	5.47（2.22）	6.99（2.35）

注）表中の数値は平均値を，括弧内の数値は標準偏差を示す。

2）友人に学生相談室の利用を勧める意識の性差の検討

　利用を勧める意識の得点について性差の検討を行った。Table 8-2 は友人に学生相談室の利用を勧める意識の得点の平均値と標準偏差を男女別に示したものである。利用を勧める意識の得点を従属変数，性別（参加者間）と問題領域（参加者内）を要因とした2要因分散分析を実施した結果，同性の友人，異性の友人ともに，問題領域の主効果が認められた（同性：$F(2, 392) = 84.38, p < .01$；異性：$F(2, 392) = 71.94, p < .01$）。多重比較（ボンフェローニ法，5％水準）の結果，「修学・進路面」の問題領域における利用を勧める意識の得点が，「対人・社会面」および「心理・健康面」の問題領域と比べて有意に高かった。なお性別の主効果（同性：$F(1, 196) = 0.26, ns$；異性：$F(1, 196) = 0.48, ns$）および交互作用（同性：$F(2, 392) = 0.82, ns$；異性：$F(2, 392) = 0.48, ns$）は認められなかった。

3）友人に学生相談室の利用を勧める意識に関連する要因の検討

　学内の友人に対して学生相談室の利用を勧める意識に関連する変数を検討するために，利用の勧めを目的変数，悩みの経験，メリット，認知度（「はい」を1，「いいえ」を0と得点化し，2項目を合計した得点）を説明変数とした重回帰分析（強制投入法）を実施した（Table 8-3）。分析の結果，同性の友人に対しては，男女ともすべての問題領域において $adj\ R^2$（自由度調整済み決定

Table 8-3　友人への利用の勧めを目的変数とした重回帰分析結果

説明変数	対人・社会面				心理・健康面				修学・進路面			
	男性		女性		男性		女性		男性		女性	
	同性	異性	同性	異性	同性	異性	同性	異性	同性	異性	同性	異性
悩みの経験	-.008	-.081	-.279**	-.345**	-.009	-.021	-.161	-.134	.188*	.199*	.145	.080
メリット	.370**	.478**	.448**	.282**	.448**	.522**	.437**	.222*	.422**	.433**	.366**	.309**
認知度	.224*	.186*	.222**	.187**	.144	.089	.194*	.291**	.018	.023	.175	.195
$adjR^2$	.217**	.285**	.377**	.247**	.240**	.285**	.296**	.165**	.235**	.255**	.181**	.142**

*$p < .05$, **$p < .01$

係数）が有意であった。各説明変数をみていくと，学生相談利用のメリットは男女共に有意な正の影響力を示し（男性：$\beta s = .370 \sim .448$，女性：$\beta s = .366 \sim .448$），標準偏回帰係数の値は他の説明変数と比べて高い数値を示した。悩みの経験は男性では「修学・進路面」で正の影響力が（$\beta = .188$），女性では「対人・社会面」の問題で有意な負の影響力を示した（$\beta = -.279$）。認知度では「対人・社会面」の問題領域で男女ともに有意な正の影響力を示し（男性：$\beta = .224$，女性：$\beta = .222$），「心理・健康面」の問題領域では女性においてのみ有意な正の影響力が認められた（$\beta = .194$）。

　次に異性の友人についての結果をみると，男女ともすべての問題領域において $adj\ R^2$ が有意であった。各説明変数をみていくと，有意となった説明変数は同性の友人に利用を勧める場合と同様の結果となり，同性・異性にかわらず，学生相談利用のメリットに関する評価が友人への学生相談利用の勧めに影響を及ぼしていることが明らかとなった。

4．考察

1）友人に学生相談の利用を勧める意識の特徴

　本研究の結果，友人に学生相談の利用を勧める意識は，「修学・進路面」の問題でもっとも高く，木村・水野（2009）の女子短期大学生を対象とした研究結果と一致しており，女性のみならず男子学生においても同様の傾向が

確認された。大学生の学生相談に対する被援助志向性においても「修学・進路面」の問題領域でもっとも被援助志向性が高く（研究1：第4章），大学生は学生相談に対して「修学・進路面」の問題で利用するもの，あるいは利用しやすいと捉えていると考えられる。

また，利用を勧める意識に性差は認められなかった。援助要請および被援助志向性の研究では男性の方が女性より他者に援助を求めないことがこれまでに多く報告されており（たとえばRickwood & Braithwaite, 1994），その要因の1つとして性役割が指摘されている（Good et al., 1989）。男性にとって他者に援助を求めることは男性の性役割と相反するものと認識され，援助要請が抑制されるというものである。自身が援助を求める場合と比較して，友人に利用を勧める場合には，自身の援助要請場面ではないために性差の影響が見られなかったと解釈することができる。ただし，わが国の学生相談に対する援助要請研究では，学生相談の利用に対する態度や意思に性差は認められないとの報告もあり（高野ら，2008；伊藤，2006），文化的要因の観点からの検討が必要であろう。

2）利用を勧める意識に関連する要因

学内の友人に学生相談の利用を勧める意識は，悩みの経験，利用のメリット，認知度が関連していることが明らかとなった。その中でも，利用のメリットはすべての問題領域において男女ともに利用を勧める意識に影響を及ぼしていた。したがって，利用のメリットへのアプローチが利用を勧める意識を高めるために重要であり，学生相談利用のメリットに対する高い評価は，自分自身の学生相談室の利用（研究3）のみでなく，友人に利用を勧める行動も促進する要因となることが示唆された。

認知度については「対人・社会面」の問題領域で男女ともに，「心理・健康面」では女性において関連が認められ，認知度が高いほど利用を勧める意識が高いという結果が示された。学生相談の周知度や認知度は学生相談に対

する援助要請や被援助志向性といった自身の利用に関する場合にその関連が指摘されており（研究1；伊藤，2006），本研究の結果から，他者に利用を勧める場合にも学生相談の周知度や認知度が影響していることが明らかとなった。本研究では学生相談室の認知度として「場所の認知」と「カウンセラーの認知」を尋ねた。つまり「対人・社会面」および「心理・健康面」の問題では，どこに学生相談室があり，またどのようなカウンセラーが相談にのっているのかという学生相談室に関する具体的な情報が利用を勧める意識に影響をしているということである。前述したとおり，「修学・進路面」の問題と比べて「対人・社会面」および「心理・健康面」の問題での利用を勧める意識は低いことから，対人面や心理面の問題での相談はカウンセリングのイメージと結びつき，カウンセリングへの抵抗感や自己開示への恐れなどが生じている可能性も示唆される。したがって，どんなカウンセラーが相談にのっているかを知っていることで，そのような抵抗感が低減され，またカウンセラーへの親近感が増し，利用を勧める意識が高まるという考察できる。

　悩みの経験では男女によって影響の方向が異なり，女性では「対人・社会面」の問題領域で負の影響が，男性では「修学・進路面」の問題領域で正の影響が認められた。男性は「修学・進路面」の問題領域で悩みを経験しているほど友人に学生相談利用を勧める意識が高いということであり，悩みを経験しているほどその対処法の一つとして学生相談の利用を意識したことがあるために，利用を勧める意識も高くなると考えられる。

　一方，女性は「対人・社会面」の問題領域で悩みを経験しているほど友人に学生相談の利用を勧め意識は低いという，予測とは反対の結果となった。女子学生を対象に，友人にカウンセリングの利用を勧める行動を抑制する要因について検討した木村（2009）の研究では，場面想定法を用いて得られた自由記述データを分析した結果，友人にカウンセリングの利用を勧める行動を抑制する要因の一つとして「勧める行動の否定的側面」が抽出され，その下位カテゴリーとして，「勧める行動がもたらす相手への否定的影響」「勧め

たことによる相手からの否定的な反応」「関係性への配慮」が抽出されたことを報告している。このことから，「対人・社会面」の悩みを経験している学生ほど，友人に学生相談の利用を勧めた場合の相手との関係性に与える否定的影響に対して意識が高まるために，勧める意識が低くなると考えることができる。この解釈の妥当性については，さらなる検討が必要であり，今後の課題である。

3）学生相談活動の実践への示唆

本研究の結果より，友人に学生相談の利用を勧める意識は学生相談利用のメリットの評価と関連していたことから，学生相談からのガイダンスや情報提供においては，学生相談を利用することのメリットを伝えることが有効であるといえる。学生相談活動における広報活動として，学生が自身の問題として学生相談を利用する行動を促すことに加えて，専門的な援助を必要とする周囲の友人に対して学生相談の利用を勧める行動を促進させるという観点からのアプローチも必要であろう。なぜなら，そうすることにより大学生が抱える問題への早期発見と早期介入という2次予防につながることが期待されるからである。

第9章 【研究6】学生相談利用における
パーソナル・サービス・ギャップ

1．目的

　心理的援助サービスを必要としながらも，そのサービスを利用しない現象はサービス・ギャップと呼ばれ（Stefl & Prosperi, 1985），わが国においてもメンタルヘルス領域におけるサービス・ギャップ現象が指摘されている。Raviv et al.（2009）は，サービス・ギャップにおける個人内のギャップに着目している。つまり潜在的に援助ニーズを持ちながらも，実際の援助要請行動として顕在的に表出されない，個人内に認められるサービス・ギャップに着目し，それをパーソナル・サービス・ギャップと名づけた。パーソナル・サービス・ギャップを測定する方法として，Raviv et al.（2009）は自分自身が悩みを抱えて他者に援助を求める援助要請意図と，友人が同じ悩みを抱えた場合にその友人に対して援助要請を勧める意図を，参加者内計画を用いて比較する方法を採用した。自分自身が援助要請行動を行う場合には自尊心への脅威といった援助要請に伴う様々な心理的コストが想定される。一方，友人に援助要請を勧める状況では，自分自身が援助要請を行うわけではないために援助要請に伴う心理的コストは想定されない。したがって友人に対して援助要請を勧める意図には，抱える問題に対する表出されていない潜在的な援助ニーズが投影されるために，自身の援助要請意図と友人に援助要請を勧める意図の差が，パーソナル・サービス・ギャップとして測定される。Raviv et al.（2009）は高校生において，パーソナル・サービス・ギャップが存在することを報告している。

　わが国においても同様の方法によって，パーソナル・サービス・ギャップ

の存在が確認されている。木村・水野（2009）は女子短期大学生を対象に，自分が問題を抱えた場合に学生相談を利用する意識と，友人が同じ問題を抱えた場合に友人に対して学生相談の利用を勧める意識を比較した結果，友人に学生相談の利用を勧める意識の方が，自分自身が学生相談を利用する意識よりも有意に高いことを明らかにしている。梅垣・末木（2012）は，20～30代の男女を対象に抑うつ症状を示す文章を提示し，自分（自分条件）または友人（友人条件）がその状態にあったと考えた場合に，病院に受診をするか（友人条件では受診を勧めるか）を比較した結果，自分条件の受診意図の方が友人条件の受診を勧める意図よりも有意に得点が低かったと報告している。

　これらの先行研究はパーソナル・サービス・ギャップの存在は明らかにしているものの，その関連要因については十分に検討していない。Raviv et al. (2009) はパーソナル・サービス・ギャップ現象を自尊心評価維持に伴う認知バイアスの観点から説明している。同じ問題でも他者に対して専門家への援助要請を勧める場合には自尊心への脅威は少ないが，自分自身が専門家に援助を求める場合には，その行動が自尊心にネガティブに機能すると認知される。すると，肯定的な自尊心を維持するために問題の深刻さを過小に見積もったり，予後を過度に良好に見積もるといった認知バイアスが生じる。その結果，たとえ援助ニーズがあったとしても専門家への援助要請行動が抑制されるということである。梅垣・木村（2012）は，友人の場合よりも自分自身の場合に問題の深刻さや援助の重要性を楽観的に評価するという楽観的認知バイアスが生じることを報告している。前述の高校生を対象にパーソナル・サービス・ギャップ現象を明らかにしたRaviv et al. (2009) の研究では，重回帰分析を用いてパーソナル・サービス・ギャップに関連する変数を検討しているが，説明変数として自分および友人の場合それぞれの，問題の深刻さや援助要請によって得られる心理的利益に関する変数を投入している。しかし認知バイアスとパーソナル・サービス・ギャップの関連を検討するには，問題の深刻さや心理的利益といった援助要請にかかわる変数につい

て，自分の場合と友人の場合との得点の差を認知バイアスとして捉えて検討する必要があるだろう。

さらにわが国に目を向けると，梅垣・末木（2012）は抑うつ症状での病院受診におけるパーソナル・サービス・ギャップを明らかにしているが，一般成人を対象とした研究であり，大学生および学生相談利用を対象としたものではない。大学生の学生相談利用に焦点を当てた木村・水野（2009）では，女子短期大学生における学生相談利用のパーソナル・サービス・ギャップの存在を報告しているが，男子大学生においてパーソナル・サービス・ギャップが存在するかどうかは明らかとなっていない。大学生の学生相談利用におけるサービス・ギャップを埋めるためには，大学生の学生相談利用におけるパーソナル・サービス・ギャップに着目し，その関連要因を明らかにすることが求められる。

そこで，研究6では抑うつに焦点をあて，大学生の抑うつ症状での学生相談利用におけるパーソナル・サービス・ギャップ現象を検討することを目的とする。さらにパーソナル・サービス・ギャップと，援助要請にかかわる変数における認知バイアスとの関連を検討する。認知バイアスとしては，Raviv et al.（2009）で援助要請との関連が指摘されている援助の有用性，自力解決の可能性，問題の深刻さ，および原因帰属（Robbins, 1981），予後の見通し（Eisenberg et al., 2007）を取り上げる。本研究の意義として，パーソナル・サービス・ギャップに関連する認知バイアスを検討することで，パーソナル・サービス・ギャップ現象の背景にある大学生の抑うつ症状における学生相談利用に対する意識を明らかにし，そのギャップを埋めるための介入ターゲットとなる変数を抽出できることが期待される。それにより，パーソナル・サービス・ギャップ現象に配慮した学生支援体制の構築および悩みを抱えながら相談に来ない，相談できない学生を必要な援助につなげる具体的なアプローチ方法の提案という臨床実践上の示唆を得ることができる。

本研究の仮説は以下の通りである。仮説1）自分自身が抑うつ症状を呈し

た場合の学生相談を利用する意図よりも，友人が抑うつ症状を呈した場合に，その友人に学生相談の利用を勧める意図の方が高く（抑うつ症状での学生相談利用におけるパーソナル・サービス・ギャップが生じる），男女どちらにおいても認められる，仮説2）抑うつ症状における学生相談利用についてのパーソナル・サービス・ギャップは援助の有用性の評価，自力解決の可能性，内的帰属そして予後の見込みにおける認知バイアスによって説明される。

2．方法

1）調査手続きと調査参加者

調査は大学の講義の終了後の時間に実施した。初めに調査目的を説明し，調査への回答を持って，調査協力への同意となることを説明した。回答時間はおよそ10分であった。調査協力者は関東および関西にある大学・短期大学5校の学生301名であり，そのうち回答漏れがない267名（男性94名，女性173名）を分析の対象とした。平均年齢は19.53歳（$SD=1.46$，10名不明）であった。

2）質問紙の構成

基本的属性　性別・年齢を尋ねた。

シナリオ　坂本ら（2001）を参考に，大学生が抑うつ症状を呈するシナリオについて，自分条件と友人条件の2つの条件を作成した。シナリオは「私は（友人条件では「あなたの友人は」），ここ2週間，悲しくなったり落ち込んだり，いつも楽しんでいることも楽しめなくなっています。また食欲はなく体重が落ち，夜は眠ることができません。非常につらく感じ，大学にも行けず，いつも通りの生活に支障が出たりするような状態が続いています。」であった。友人条件では，より具体的な回答を求めるために，同じ大学でもっとも仲の良い同性の友人を思い浮かべてもらい，その友人のイニシャルの記入を求めた。

それぞれのシナリオを提示後に，以下の8つの質問を提示して5件法で回

答を求めた。1) 家族・友人への援助要請意図／勧める意図（自分条件：「この状況で，私は家族や友人に相談したり，援助を求めるだろう」，友人条件：「この状況で，私は友人に，家族や友人に相談したり，援助を求めるようにアドバイスするだろう」，得点が高いほど強い意図がある），2) 家族・友人の援助の有用性（自分条件：「この状況では，家族や友人の助けや援助は役立つだろう」，友人条件：「この状況では，友人にとって，家族や友人の助けや援助は役立つだろう」，得点が高いほど援助が役立つと評価している），3) 学生相談への援助要請意図／勧める意図（自分条件：「この状況で，私は，大学の学生相談やカウンセラーなどの専門家に相談したり援助を求めるだろう」，友人条件：「この状況で，私は友人に，大学の学生相談やカウンセラーなどの専門家に相談したり援助を求めるようにアドバイスするだろう」，得点が高いほど強い意図がある），4) 学生相談の援助の有用性（自分条件「この状況では，大学の学生相談やカウンセラーなどの専門家の助けや援助は役立つだろう」，友人条件：「この状況では，友人にとって，大学の学生相談やカウンセラーなどの専門家の助けや援助は役立つだろう」，得点が高いほど援助が役立つと評価している），5) 抱える問題の自力解決の可能性（自分条件：「私は，他者の助けや援助なしに，この状況を一人で解決できるだろう」，友人条件：「友人は，他者の助けや援助なしに，この状況を一人で解決できるだろう」，得点が高いほど一人で解決できると考えている），6) 抱える問題の内的帰属の程度（自分条件：「私がこのようになったのは，私自身に原因がある」，友人条件：「友人がこのような状態になったのは，友人自身に原因がある」，得点が高いほどその人自身に原因があると考えている），7) 抱える問題の深刻度の評価（自分条件：「私のこの状態は，深刻である」，友人条件：「友人のこの状態は，深刻である」，得点が高いほど深刻であると評価している），8) 抱える問題の予後の見込み（自分条件：「私のこの状態は，時間とともに良くなっていくだろう」，友人条件：「友人のこの状態は，時間とともに良くなっていくだろう」，得点が高いほど予後を良好に捉えている）。

3）倫理的配慮

倫理的な配慮として調査の開始前およびフェイスシートに，下記の内容を説明および記載した。1) 調査は無記名で回答を求め，結果は統計的に処理されるため，個人が特定されたり個人の回答を個別に取り上げることはない，2) 回答したくない質問は無理に回答する必要はなく，また回答はいつでも中断できる，3) 調査への協力は任意であり，調査に協力しないことや途中で回答を中断することによって不利益をこうむることは全くない。なお本研究は著者が所属する機関の研究倫理委員会の承認を得て行われた。

3．結果

1）パーソナル・サービス・ギャップの検討

本研究で用いた変数の平均値，標準偏差は Table 9-1 の通りであった。仮説1の抑うつ症状における学生相談利用においてパーソナル・サービス・ギャップが存在するかどうかを検討するために，自分自身の場合の学生相談に対する援助要請意図の得点（自分条件）と友人の場合に学生相談の利用を勧める意図の得点（友人条件）の平均値について対応のある t 検定を実施した（Table 9-1）。その結果，自分条件と友人条件との得点の間に有意な差が認められ，自分条件の方が友人条件よりも得点が低かった。同様に家族・友人に対する援助要請意図／勧める意図においても有意な差が認められ，友人に対して家族・友人への援助要請を勧める意図の方が，自分自身の家族・友人への援助要請意図の方がよりも高かった。

次に認知バイアスの有無を検討するために，その他の変数についても自分条件と友人条件の得点を比較した。その結果，家族・友人に対する援助要請意図，学生相談の有用性，問題の内的帰属，問題の深刻さ，予後の見込みにおいて自分条件と友人条件の平均値に有意な差が認められた（Table 9-1）。学生相談の有用性，問題の深刻さでは友人条件の方が自分条件よりも得点が高く，自分自身よりも友人の場合に学生相談の有用性を高く評価し，問題を

深刻であると評価していた。問題の内的帰属と予後の見込みでは自分条件の方が友人条件よりも得点が高く，自分自身の場合の方が友人の場合よりも，問題を自分自身の内的な要因に帰属しており，自分自身の場合の方が予後の

Table 9-1 本研究で用いた変数の平均値と標準偏差，および t 検定の結果

変数	range	自分条件 M (SD)	友人条件 M (SD)	差得点 M (SD)	t 検定 t 値
援助要請意図／勧める意図（学生相談）	1－5	2.41 (1.15)	3.11 (1.16)	0.70 (1.18)	9.677**
援助要請意図／勧める意図（家族・友人）	1－5	3.60 (1.17)	3.92 (0.98)	0.32 (1.19)	4.338**
援助の有用性の評価（学生相談）	1－5	3.07 (1.21)	3.33 (1.08)	0.26 (1.13)	3.740**
援助の有用性の評価（家族・友人）	1－5	3.90 (0.97)	3.85 (0.97)	-0.05 (1.04)	0.761
自力解決の可能性	1－5	2.55 (1.09)	2.50 (0.99)	-0.05 (1.17)	0.735
原因の内的帰属	1－5	3.56 (0.89)	2.74 (0.92)	-0.82 (1.19)	11.251**
問題の深刻さの評価	1－5	3.77 (0.98)	3.95 (0.99)	0.18 (1.06)	2.824**
予後の見通し	1－5	3.20 (1.04)	3.05 (0.93)	-0.15 (1.12)	2.178*

**$p<.01$, *$p<.05$

Table9-2 援助要請意図／勧める意図

A：性別	B：援助要請の対象	C：条件			
		1．自分		2．友人	
		M	(SD)	M	(SD)
1．男性 ($n=94$)	1．家族・友人	3.436	(1.205)	3.670	(1.091)
	2．学生相談	2.500	(1.162)	3.192	(1.167)
2．女性 ($n=173$)	1．家族・友人	3.694	(1.138)	4.052	(0.891)
	2．学生相談	2.358	(1.141)	3.064	(1.157)

**$p<.01$

2) 学生相談と家族・友人に対する援助要請の意識の検討

次に，学生相談に対する援助要請意図／勧める意図と家族・友人に対する援助要請意図／勧める意図の違いを検討するために，援助要請意図／勧める意図を従属変数とした，2（性別：男性，女性）×2（援助要請の対象：学生相談，家族・友人）×2（条件：自分，友人）の3要因分散分析を行った。なお性別は参加者間要因，援助要請の対象と条件は参加者内要因であった（Table 9-2）。その結果，援助要請の対象と条件の主効果が有意であり，学生相談よりも家族・友人への援助要請意図の得点が高く，友人に援助要請を勧める意図の方が自分自身の場合の援助要請意図よりも得点が高かった。また性別と援助要請の対象，および援助要請の対象と条件の交互作用が有意であった。単純主効果を検討した結果，性別と援助要請の対象の交互作用においては，家族・友人への援助要請意図において女性の方が男性よりも得点が高かった。援助要請の対象と条件の交互作用では，学生相談および家族・友人のど

を従属変数とした3要因分散分析の結果

主効果		交互作用		
F値		F値		単純主効果
A	1.027	A×B	8.297**	A1・A2：B1＞B2 B1：A1＜A2
B	140.408** B1＞B2	B×C	21.548**	C1・C2：B1＞B2 B1・B2：C1＜C2
C	63.556** C1＜C2	A×C	0.306	
		A×B×C	0.408	

ちらにおいても友人条件の方が自分条件よりも得点が高く，友人の場合に援助要請を勧める意図の方が自分自身の場合の援助要請意図よりも得点が高かった。

3) 援助要請意図および援助要請を勧める意図を規定する要因の検討

次に，学生相談と家族・友人に対する援助要請意図および学生相談と家族・友人に援助要請を勧める意図を規定する要因を検討するために，学生相談に対する援助要請意図，家族・友人に対する援助要請意図，友人に学生相談の利用を勧める意図，友人に対して家族・友人への援助要請を勧める意図を目的変数，説明変数に性別（男性を1，女性を0），有用性の評価，自力解決の可能性，内的帰属，問題の深刻さ，予後の見通しを投入した重回帰分析を実施した（Table 9-3）。自分自身の学生相談に対する援助要請意図では，援助への有用性の評価が有意な正の影響，原因の内的帰属が有意な負の影響を示し，援助への有用性を高く評価しているほど援助要請意図が高く，問題の原因を内的な要因に帰属しているほど援助要請意図が低いことが明らかとなった。友人に学生相談への援助要請を勧める意図では，援助への有用性の

Table 9-3 援助要請意図／勧める意図を目的変数とした重回帰分析結果

説明変数	学生相談				家族・友人			
	援助要請意図 (自分条件)		勧める意図 (友人条件)		援助要請意図 (自分条件)		勧める意図 (友人条件)	
	β	r	β	r	β	r	β	r
性別	-.001	.059	.029	.053	-.040	-.106	-.101**	-.186
援助の有用性の評価	.538**	.537	.693**	.713	.512**	.577	.518**	.590
自力解決の可能性	-.026	-.072	-.089	-.189	-.255**	-.370	-.099	-.229
原因の内的帰属	-.148**	-.178	-.024	-.122	-.097	.017	.051	.031
問題の深刻さの評価	-.058	-.004	-.019	.194	.103*	.246	.098	.298
予後の見通し	-.071	-.148	-.043	-.222	.095	.067	.127*	.087
R^2	.328**		.521**		.424**		.390**	

**$p<.01$, *$p<.05$

評価が有意な正の影響を示し，援助への有用性を高く評価しているほど，友人に学生相談への援助要請を勧める意図が高いことが明らかとなった。

自分自身の家族・友人への援助要請意図では，援助への有用性の評価が有意な正の影響を，自力解決の可能性が有意な負の影響を示し，家族・友人の援助への有用性を高く評価しているほど，また自力解決の可能性を低くとらえているほど，家族・友人への援助要請意図が高いことが明らかとなった。友人に対して家族・友人への援助要請を勧める意図では，援助への有用性の評価と予後の見通しが有意な正の影響を，性別が有意な負の影響を示し，家族・友人の援助への有用性を高く評価しているほど，予後の見通しを悪くとらえているほど，また男性よりも女性のほうが，友人に対して家族・友人への援助要請を勧める意図が高いことが明らかとなった。

4）パーソナル・サービス・ギャップに関連する要因の検討

大学生の抑うつ症状における学生相談利用のパーソナル・サービス・ギャップが確認された。そこで仮説2のパーソナル・サービス・ギャップに関連する要因を検討するために，以下の分析を行った。まず学生相談に対する援助要請意図／勧める意図，有用性の評価，自力解決の可能性，内的帰属，深刻度の評価，予後の見通しの各変数について，友人条件から自分条件を引いた差得点を算出した。自身の学生相談に対する援助要請意図（自分条件）と友人に学生相談の利用を勧める意図（友人条件）の差得点は，学生相談利用におけるパーソナル・サービス・ギャップを示す。その他の変数の差得点は認知バイアスの程度を示す。このパーソナル・サービス・ギャップを示す変数を目的変数，他の変数の差得点および性別を説明変数とした重回帰分析を実施した。家族・友人に対する援助要請においても同様の手続きで重回帰分析を行った（Table 9-4）。その結果，学生相談利用におけるパーソナル・サービス・ギャップに対して，援助の有用性の評価の差得点が有意な正の影響を，内的帰属の差得点が有意な負の影響を示した。家族・友人への援

Table 9-4 パーソナル・サービス・ギャップを目的変数とした重回帰分析結果

説明変数	学生相談		家族・友人	
	β	r	β	r
性別	.034	-.006	-.016	-.050
援助の有用性の評価・差得点	.420**	.404	.304**	.362
自力解決の可能性・差得点	-.069	-.112	-.198**	-.244
原因の内的帰属・差得点	-.149**	-.132	-.139*	-.130
問題の深刻さの評価・差得点	.078	.155	.161**	.238
予後の見通し・差得点	-.064	-.127	.112	-.004
R^2	.210**		.215**	

**$p<.01$, *$p<.05$

助要請におけるパーソナル・サービス・ギャップに対しては，援助への有用性の評価の差得点と深刻さの評価の差得点が正の影響を，自力解決の可能性の差得点と内的帰属の差得点が負の影響を示した。

4．考察

1）パーソナル・サービス・ギャップ現象について

大学生は抑うつ症状を抱えた場合，同じ症状であったとしても自分自身が学生相談を利用する意図は，友人に対して学生相談の利用を勧める意図よりも低いことが明らかとなった。この結果より，抑うつ症状での学生相談利用におけるパーソナル・サービス・ギャップが存在するという仮説1が支持され，パーソナル・サービス・ギャップ現象を明らかにした先行研究の知見（Raviv et al., 2009；木村・水野，2009；梅垣・末木，2012）が，大学生の抑うつ症状における学生相談利用の場合にも当てはまることが明らかとなった。Raviv et al.（2009）に従えば，大学生は抑うつ症状の問題を抱えた際に，学生相談利用に対する潜在的な援助ニーズを持ちながらも，学生相談に対する援助要請意図が抑制されていると解釈することができる。つまり，本研究結果からも悩みを抱えていながらも相談に来ない学生が存在することが示唆され

た。では，このパーソナル・サービス・ギャップ現象はどのような要因によって説明されるのであろうか。

2）パーソナル・サービス・ギャップと認知バイアスとの関連

学生相談利用におけるパーソナル・サービス・ギャップと援助要請に関わる変数の認知バイアスとの関連を検討するにあたり，まず援助要請に関わる変数において認知バイアスが存在するかどうかを検討した。その結果，問題の深刻さの評価では自分の場合よりも友人の場合の方が深刻であると評価し，予後の見通しでは友人の場合よりも自分の場合の方が予後を良好である評価していた。この結果は，友人と比べて自分の場合に状況を楽観的に捉えているという点で，楽観的認知バイアスが生じているといえる（梅垣・木村，2012）。一方で，学生相談に対する有用性の評価では，友人が利用する場合よりも自分が利用する場合において援助の有用性を低く評価していた。つまり，友人の場合と比べて，自分の場合に学生相談の援助は役立たないと評価しており，この結果は，友人よりも自分の場合に悲観的に捉えているという点で，悲観的認知バイアスが生じたと捉えることができる。

抑うつの原因帰属では友人の場合よりも自分の場合において，原因を内的要因に帰属していた。欧米人は自己奉仕バイアスが，日本人には自己卑下バイアスがあることが指摘されている（Markus & Kitayama, 1991）。したがって自分にとってポジティブな結果を外的要因に，ネガティブな結果を内的要因に帰属する一方で，他者のポジティブ結果は内的要因に，ネガティブな結果は外的要因に帰属する自己卑下バイアスにより，抑うつ症状の原因について友人よりも自分の場合により内的に帰属したと解釈することができる。

次にこれらの認知バイアスによって，学生相談利用におけるパーソナル・サービス・ギャップが説明されるか重回帰分析を用いて検討した結果，分散のおよそ19％が説明された。そして説明変数のうち，援助に対する有用性の評価の差得点および原因の内的帰属の差得点の標準偏回帰係数が統計的に有

意であり仮説2が支持された。つまり,学生相談の有用性について自分が利用する場合よりも友人が利用する場合にその有用性を高く評価しているほど,また友人の場合よりも自分の場合に抑うつの問題の原因を内的に帰属しているほど,パーソナル・サービス・ギャップが大きいことを意味する。したがって,学生相談の有用性および抑うつの問題の原因帰属における認知バイアスへのアプローチがパーソナル・サービス・ギャップを埋める方略として有効であることが示唆される。

しかしながら,認知バイアスによって説明できたのはパーソナル・サービス・ギャップの全分散のおよそ19%であったことから,パーソナル・サービス・ギャップを説明するさらなる変数の存在が示唆される。その一つとして援助要請との関連が指摘されている感情への開放性(emotional openness; Komiya et al., 2000)が考えられる。感情への開放性が低いと援助を受けることに伴う否定的な感情(たとえば,羞恥心,挫折感,外傷体験に伴う感情など)を経験したり,表出するのを避けようとするために援助を求めようとしないので,パーソナル・サービス・ギャップも大きくなると推測できる。前述した学生相談による援助に対して友人の場合よりも自分の場合に役立たないと評価する結果について,悲観的認知バイアスと解釈したが,感情への開放性と合理化から解釈することも可能である。つまり,自分自身が援助を求める場合の援助に伴う否定的な感情体験を回避するために,そもそも援助は自分には役立たないという合理化を用いたという解釈である。この解釈妥当性の検証のためには,感情への開放性の変数を考慮に入れたさらなる研究が必要である。

3) 抑うつ症状を想定した場合の大学生の学生相談利用に対する意識

抑うつ症状における学生相談利用に対する意図および友人に学生相談の利用を勧める意図についても検討した結果,学生相談よりも家族・友人に対する援助要請意図の方が高いことが明らかとなり,研究1と一貫する結果で

あった。また自分自身の援助要請のみならず，友人が抑うつ症状を抱えた場合においても，学生相談の利用を勧めるより家族・友人に援助を求めることを勧める傾向があることが明らかとなった。

　家族・友人への援助要請においては，男性よりも女性の方が自身の場合の援助要請意図および友人に対して援助要請を勧める意図が高かった。援助要請は男性よりも女性の方が高いことが諸外国の研究において一貫して指摘されてきた（水野・石隈，1999）。わが国では家族や友人などのインフォーマルな援助者に対しては男性よりも女性の方が高いという諸外国と一致する報告がなされているが（永井，2010），専門家に対しては女性の方が男性よりも援助要請が高いという報告がある一方で（中岡・兒玉，2009），男女に差はない（永井ら，2014），あるいは男性の方が女性よりも援助要請が高いという報告もある（永井，2010）。諸外国の知見をわが国にそのまま当てはめることには注意が必要であろう。

　抑うつ症状を抱えた友人に援助要請を勧める意図を目的変数とした重回帰分析の結果からは，学生相談を勧める意図は性別との関連は認められなかったが，家族・友人に対して援助要請を勧める意図は性別との関連が認められ，女性の方が勧める傾向が認められた。学生相談機関などの専門機関を利用する際に，周囲からの勧めが利用のきっかけとなることが指摘されている（Vogel, Wade, Wester, et al., 2007）。つまり友人に対して学生相談利用を勧める場合には男女で勧める意図に差は認められないが，友人に対して家族・友人に援助を求めることを勧める場合には，女性の方が男性よりも意図が高い。その結果，家族・友人への援助要請において女性の方が男性よりも援助要請が高いと考えられる。このことから，わが国において友人に対して家族・友人への援助要請を勧める意図における性差が，学生相談および家族・友人に対する援助要請意図の性差に影響している可能性が考えられる。

　また援助に対する有用性の評価は，学生相談および家族・友人に対する援助要請意図と勧める意図のすべてに対して正の関連が認められ，標準偏回帰

係数の値も大きかった。学生相談利用のメリットを高く感じているほど援助要請や援助要請を勧める意図が高いという研究3・5の知見を支持する結果である。学生相談を利用することにどのようなメリットがあり，また役立つのかを具体的に学生に伝えることが，援助要請意図および援助要請を勧める意図を高めるうえで重要であろう。

　原因帰属については，抑うつの原因を内的に帰属する程度が強いほど学生相談に対する援助要請意図が低く，さらにパーソナル・サービス・ギャップとの関連も認められた。内的帰属が援助要請を抑制する説明として，以下の解釈が考えられる。一つは抑うつの原因を努力や能力不足といった内的要因に帰属することで，自尊心への脅威が強くなり，援助要請が抑制されるためである。もう一つは，抑うつの原因を神経生物学的な要因に帰属することで薬物治療の必要性を強く感じる一方，専門的な心理的援助の必要性を低く評価するために，専門的な心理的援助に対する援助要請が抑制されるという解釈である。Mackenzie et al.（2014）は専門的な心理的援助に対する態度がここ40年でネガティブになっていることを明らかにした。その説明として精神疾患に神経生物学的な要因が寄与しているというメンタルヘルスに関する啓発活動により，精神疾患に対するスティグマや薬物療法に対する抵抗感が低減される一方で，精神疾患の治療・援助に対する専門的な心理的援助の必要性や態度が低下したという解釈を示している。本研究では原因の内的帰属を，抑うつ症状の原因が自分にあるのかどうかという1項目で測定したために，調査参加者が抑うつの原因としてどのような内的要因を想定したかは特定できていない。したがってこれらの解釈妥当性を検証するためには，今後さらなる詳細な検討が必要である。

4）大学における学生相談活動への示唆

　以上の議論を踏まえ，大学における学生相談活動への示唆について述べたい。

第1に，大学生の学生相談利用におけるパーソナル・サービス・ギャップ現象に配慮した学生支援体制の整備である。悩みを抱えている学生自身も，援助ニーズを抱えながらも実際の学生相談利用に結びついていない可能性がある。したがって，援助ニーズを抱える学生が学生相談機関に自主来談するのを待つだけでなく，学生相談機関から必要な援助を届ける積極的なアプローチも必要であろう。授業での適応促進を狙いとした心理教育的アプローチや，webを通じたセルフヘルプに役立つ情報の発信，欠席過多や不登校，学業不振学生に対する教職員・関係部署・保護者とのチームによる援助などが考えられる。

　第2に，大学生の学生相談の援助に対する有用性の評価を高めることである。学生相談および家族・友人への援助要請意図および友人に援助要請を勧める意図は，援助の有用性の評価が高いほどその意図が高いことから，援助の有用性の評価を高めることで援助要請および友人に援助要請を勧める行動が促進されることが期待される。

　第3に，学内の友人が抑うつ症状を抱えた際の，学生相談の利用を勧める意図の高さを生かすことである。梅垣（2014）はコミュニティの視点から，うつに苦しむ人たちに対するインフォーマルな援助者の役割を，専門的治療・援助機関へのつなぎ役としての機能と，インフォーマルな援助資源としての機能の2つの役割を担う存在としてとらえる「支える・つなぐコミュニティ」を提唱している。大学コミュニティにおいても，本人自身の援助要請意図を高めるアプローチとともに，周囲の友人の抑うつ症状に気づき，学生相談の利用を勧める行動を促す視点も必要であろう。

　第4に抑うつ症状の原因帰属にアプローチすることである。抑うつ症状の原因を内的に帰属する程度が弱いほど，学生相談に対する援助要請意図が高いことから，抑うつ症状の原因の伝え方が，援助要請にも影響を及ぼすことが示唆される。抑うつの原因を過度に内的に帰属することによって援助要請が抑制されることのないよう，抑うつについての正しい知識や対処に関して

心理教育を行うことが有効であろう。

第 4 部　学生相談に対する援助要請行動のプロセス

　第4部では大学生の学生相談に対する援助要請行動を理解するにあたり，援助要請行動をプロセスの観点から検討する。援助要請行動は悩みが生起してから，実際に他者に相談するまでの様々な意思決定がなされる一連のプロセスと捉えることができる。そこで，大学生の学生相談機関の利用を援助要請行動のプロセスから捉え，その特徴およびそれぞれのプロセスのステージにどのような特徴があるかを明らかにする。まず第10章では，大学生の抑うつおよび自殺念慮の問題における学内の学生相談機関に対する援助要請行動のプロセスに焦点をあて，そのプロセスの特徴を明らかにするとともに，各段階の意思決定に関連する要因を検討する。第11章では，実際に抑うつ症状を体験した時に焦点をあてて，どのように考え行動したかを尋ね，友人・家族および学生相談機関への援助要請行動のプロセスの特徴を明らかにし，援助要請行動のプロセスの各段階の意志決定に影響する要因を明らかにする。第12章では，第10章と第11章で検証した援助要請行動のプロセスモデルにもとづく介入プログラムを開発し，その効果を検証する。

第10章 【研究7】学生相談機関に対する大学生の援助要請行動のプロセスとその関連要因

1．目的

　研究7は，大学生の自殺予防および精神的健康の増進を目指した介入への示唆を得ることを目的に，大学生の抑うつおよび自殺念慮の問題における学内の学生相談機関に対する援助要請行動のプロセスに焦点をあて，プロセスの特徴を明らかにするとともに，各段階の意思決定に関連する要因を検討する。

　本研究では，援助要請行動のプロセスモデルとして，Sakamoto et al. (2004) のプロセスモデルを採用した。Sakamoto et al. (2004) は高齢者を対象としているが，そこで用いられたプロセスモデルは問題への気づき（「問題の生起と認識」），問題の査定（「問題への対処」），援助要請の意思決定（「援助要請の検討」），援助者の選定（「専門家への援助要請の検討」以降）という諸段階を含むものであり，相川（1989）や久田（2000）による既存のプロセスモデル，および高野・宇留田（2002）による学生相談機関利用に関するプロセスモデルと一致する。また，想定する問題として本研究と同じ抑うつと自殺念慮の問題を扱っており，大学生を対象とした本研究においても援用可能性があると判断した。

　本研究においては，Sakamoto et al. (2004) のプロセスモデルに3点の修正を加えた援助要請行動のプロセスモデルを仮定した（Figure 10-1）。本モデルについて，修正点とともに以下に述べる。

　本モデルでは，問題の生起から実際の援助要請行動に至るまでのプロセスにおいて，6つのフィルターと7つのステージを設定した。フィルターと

は，問題の生起から実際の援助要請行動に至るまでの意思決定の分岐点を示す。ステージとは各フィルターでの意思決定によってたどりついた一連の援助要請行動のプロセスにおける各段階を示す。Sakamoto et al. (2004) ではレベル（水準）としているが，本モデルでは援助要請行動のプロセスの各段階で高低の水準を想定していないため，ステージという用語を用いた（修正点1）。それぞれのフィルターとステージが示す内容は次の通りである。

フィルター1（問題の認識）は，問題が生起したときにそれを普通でないと認識するかどうかである。問題であると認識しない場合はステージⅠ「問題の認識なし」にとどまり，問題として認識するとフィルター1を通過する。次のフィルター2（問題への対処）は，認識した問題に対処する必要があるかの判断である。対処の必要なしと判断した場合はステージⅡ「対処の必要なし」にとどまり，対処が必要であると判断するとフィルター2を通過する。フィルター3（援助要請の検討）は他者に援助要請を検討するかどうかである。他者への援助要請が必要ないと判断された場合はステージⅢ「自力対処のみ」にとどまり，必要と判断された場合はフィルター3を通過する。Sakamoto et al. (2004) ではフィルター2と3は援助要請が必要かどうかの意思決定として一つにまとめられているが，問題への対処の必要性の意思決定と援助要請の必要性の意思決定は異なると考えられることから，分けて捉えた（修正点2）。次のフィルター4（学内の学生相談機関への援助要請の検討）は専門家である学生相談機関への援助要請が必要かどうかの判断である。学生相談機関への援助要請を必要なしと判断した場合は，ステージⅣ「友人・家族のみに援助要請意図あり」となる。その中で，フィルター4a（友人・家族のみへの援助要請行動）の実際に行動するかどうかの判断において，意図がありながらも行動しない場合は，ステージⅣ-1「友人・家族のみに援助要請意図あり・行動なし」にとどまり，行動する場合にはステージⅣ-2「友人・家族のみに援助要請行動あり」となる。フィルター4で学生相談機関への援助要請を必要と判断した場合にステージⅤ「学生相談機関に援助要請意

図あり」となる。さらにその中で，フィルター4b（学生相談機関への援助要請行動）の実際に行動するかどうかの判断において，意図がありながらも行動しない場合は，ステージⅤ-1「学生相談機関に援助要請意図あり・行動なし」にとどまり，行動する場合にステージⅤ-2「学生相談機関に援助要請行動あり」となる。Sakamoto et al. (2004) では，専門家に相談するか否かの意思決定がプロセスの終点であるが，専門家に相談する意思決定を行っても必ずしも実際の行動に結びつくとは限らない（Saunders & Bowersox, 2007）。そこで，友人・家族および学生相談機関それぞれへの援助要請の意図と行動の間にもフィルターを設定した（修正点3）。

援助要請行動のプロセスに関連する変数として，先行研究で関連が指摘されている性別，問題の深刻度の評価，精神的健康度，自尊感情，ソーシャル・サポート，援助要請に対する態度を取り上げた。

性別については諸外国の大学生を対象とした研究では，男性と比べて女性のほうが援助要請が高いことが報告されている（水野・石隈, 1999）。このことから，他者への援助要請を検討する段階以降のフィルター3，4，4a，4bにおいて性別の関連が予想される。つまり女性のほうが援助要請を検討し，実際に援助要請を行うと回答すると予想される。

問題の深刻度の評価については，抱える悩みが深刻であるほど援助要請が高いことが指摘されている（Komiya, Good, & Sherrod, 2000）。さらに援助要請を検討するプロセスを考えると，問題を深刻であると評価するほど問題への対処の必要性を感じ，援助ニーズが高まると考えられる。つまり問題を深刻であると評価するほど援助要請行動のプロセスの進行は促進されると考えられることから，すべてのフィルターにおいて正の影響が予想される。

精神的健康度（抑うつ）については，抑うつに伴う意欲や行動の低下のために問題への対処，そして援助要請の意図および行動が抑制されると考えられる。このことから，フィルター2，3，4a，4bで負の影響が予想される。

自尊感情については，友人や家族への援助要請意図との間に正の関連（研究1：第4章）が報告されていることから，フィルター3で正の影響が予想される。つまり，自尊感情が低いほど，援助を求めることでさらに傷つくのを恐れて他者への援助要請の検討が抑制されるという自尊心脅威モデルの「傷つきやすさ仮説」（Tessler & Schwartz, 1972）で説明される。

ソーシャル・サポートについては，多いほど友人・家族に対して援助を求める傾向がある一方で，少ないほど専門家に援助を求める傾向が指摘されている（永井，2010）。このことから，フィルター3，4aでは正の影響が，フィルター4では負の影響が予想される。つまり，ソーシャル・サポートが多いほど，他者への援助要請を検討し，学生相談機関よりも友人・家族への援助要請を検討し，実際に友人・家族に援助要請を行うと予想される。

専門的な心理的援助に対する態度については，肯定的なほど援助要請が高いことから（Kahn & Williams, 2003），フィルター4，4bにおいて正の影響が予想される。専門的な心理的援助に対する態度が肯定的なほど，学生相談機関への援助要請を検討し，実際に援助要請行動を行うことが予想される。

なおSakamoto et al.（2004）のモデルは地域の高齢者住民を対象としたモデルであるが，本研究の対象は大学生であり，発達段階が異なる。援助要請研究においては発達的な視点からの検討が少ないことが課題として指摘されており（永井，2010），援助要請行動のプロセスに関する研究においても同様である。そこで，発達的な視点から高齢者と大学生の援助要請行動のプロセスについての比較検討も行う。

2．方法

1）調査協力者

関東・関西地方の四年制大学5校と短期大学1校の学生803名を対象に調査を実施し，そのうち回答に不備のない758名（男性369名，女性389名）のデータを分析の対象とした。学年は1年生112名，2年生271名，3年生251

名，4年生112名，不明12名，年齢は平均20.17歳（$SD=1.43$，不明7名）であった。

2）調査内容

基本的属性 性別，年齢，学年を尋ねた。

援助要請行動のプロセスおよび問題の深刻度の評価 Sakamoto et al. (2004) で用いられたシナリオを参考に，抑うつと自殺念慮を抱えた状態を描写したシナリオを作成した。抑うつのシナリオは「あなたは，悲しくなったり落ち込んだり，いつも楽しんでいることも楽しめなくなったりして，非常につらく感じたり，いつも通りの生活に支障が出たりするような状態になりました。」，自殺念慮のシナリオは「あなたは，死ぬことについて考えたり，あるいは自殺を考えたりして，非常につらく感じたり，苦しい状態になりました。」とした。抑うつと自殺念慮のケースを提示し，「もしあなたが上記の状況になったとき，あなたならどのように考え，行動しますか？」と教示し，援助要請行動のプロセスモデル（Figure 10-1）に沿った7つの選択肢から回答を求め，複数回答も認めた。選択肢は，「普通のことなので何もしない」（ステージⅠに該当），「普通のことではないと思うが，特に何もしない」（ステージⅡ），「自分の力で対処する」（ステージⅢ），「友人や家族に相談・援助を求めようと考えるが，結局は相談・援助を求めない」（ステージⅣ-1），「友人や家族に相談・援助を求めようと考え，実際に相談・援助を求める」（ステージⅣ-2），「大学の学生相談やカウンセラーなどの専門家に相談・援助を求めようと考えるが，結局は相談・援助を求めない」（ステージⅤ-1），「大学の学生相談やカウンセラーなどの専門家に相談・援助を求めようと考え，実際に相談・援助を求める」（ステージⅤ-2）であった。加えて，両ケースの問題の深刻度を5件法で尋ねた。

精神的健康度 Zung（1969）によって開発された自己評定式抑うつ尺度（以下 SDS）の日本語版（福田・小林，1973）を用いた。「気分が沈んで，憂う

つだ」などの20項目で構成され，4件法で回答を求めた。得点が高いほど精神的健康度が低いことを示す。

自尊感情 Rosenberg（1965）によって開発された自尊感情尺度を山本ら（1982）が翻訳したものを使用した。「自分に対して肯定的である」などの10項目からなる尺度で，5件法で回答を求めた。得点が高いほど，自尊感情が高いことを示す。

ソーシャル・サポート 福岡（2000）で用いられた6項目（「私が精神的なショックで動揺しているとき，なぐさめてくれるだろう」などの情緒的内容と「私が急にかなり多額のお金を必要とするようになったとき，そのお金を援助してくれるだろう」などの手段的内容の各3項目）に関し，家族と友人のそれぞれからのソーシャル・サポートの入手可能性について5件法で回答を求めた。

援助要請に対する態度 カウンセリング利用に対する態度を測定するために，久田・山口（1986）によって開発されたAttitudes Toward Seeking Counseling尺度（以下，ATSC）を用いた。利用意欲（「将来カウンセリングを受けたいと思うことがあるだろう」など6項目），信頼性（「もしも今，相当ひどい精神的な危機状況に陥っても，カウンセリングを受ければ安心できると確信している」など6項目），スティグマ耐性（「もしカウンセリングを受けたとしても，そのことは隠すべきことではない」など4項目）の3因子，16項目で構成されており，4件法で回答を尋ねた。得点が高いほどカウンセリングに対する態度が肯定的であることを示す。

心の健康に関する授業の履修 心の健康に関する理解度を測定するため，「大学の授業で，カウンセリングや臨床心理学など，心の健康やその援助方法などについて学んだことがある」に対して「はい」「いいえ」の2件法で回答を求めた。

過去の専門的な心理的援助の利用経験 過去の専門的な心理的援助の利用経験の有無を測定するため，「今までにカウンセリングやその他の専門的な心理的援助を受けたことがある」に対して「はい」「いいえ」の2件法で回

答を求めた。

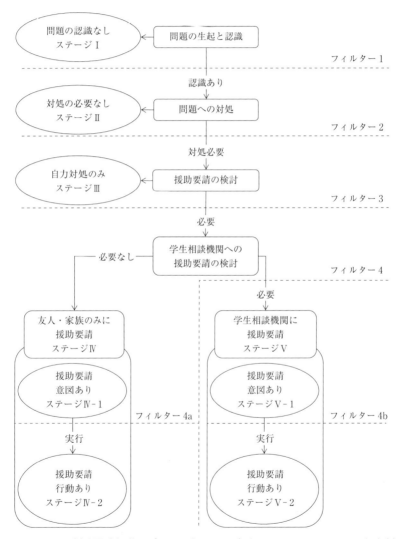

Figure 10-1　援助要請行動のプロセスとステージ（Sakamoto et al., 2004 を改変）

3）調査手続き

 2010年7月から2011年11月にかけて，心理学系の講義中および講義終了後の時間を利用して第一・第二著者（あとがきの初出文献参照）が質問紙調査を実施した。調査に先立ち，研究の目的および調査内容を説明した。また調査への参加は任意であること，回答の途中いつでも中断できること，授業の評価とは関係がないこと，匿名で回答し，回答は統計的に処理を行うため個人が特定されることがないことを説明したうえで，調査の協力依頼を行った。その後，質問紙を配布し，回答後にその場で回収した。質問紙への回答をもって調査協力への同意が得られたと判断した。所要時間はおよそ15分であった。なお調査終了後には，実施した大学の学内相談機関についての情報提供を行った。

4）倫理的配慮

 調査への参加・回答により抑うつや自殺念慮にまつわる過去の不快な記憶を想起して不快感を味わう参加者が存在する可能性も予想された。そこで，以下の配慮およびフォロー体制を整えた。①調査の実施は，臨床心理士の資格を持つ著者が担当することで，途中で中断した学生や抑うつ・自殺念慮の問題を抱える学生から心理的援助の希望に対応できるよう準備体制を整えた，②調査実施に先立ち調査目的と内容，本研究の意義を丁寧に説明し，調査への参加は任意であり，いつでも中断できることを説明した，③調査終了後，「抑うつ」や「自殺念慮」の問題について相談できる機関として各大学の学内相談機関（学生相談室・健康管理センター）の情報提供を行った，④調査用紙に第一著者の連絡先を記載し，研究に関する問い合わせ・苦情を受け付けた。なお，回答途中での中断および回答後の相談はなく，また調査実施後の第一著者への研究に関する問い合わせや苦情などはなかった。

3．結果

1）基礎統計量および変数間相関

本研究で用いた変数の基礎統計量および変数間相関が Table 10-1 である。なお心の健康に関する授業の履修は，ありが524名（69.1%），なしが234名（30.9%），過去の専門的な心理的援助の利用経験は，経験ありが128名（16.9%），なしが630名（83.1%）であった。

次に，援助要請のプロセスに関する回答を示したものが Table 10-2 である。「普通のことなので何もしない」と回答した割合は，抑うつのケースでは10.2%，自殺念慮のケースで8.8%であった。また問題に対して「普通のことではないと思うが，特に何もしない」と回答した割合は，抑うつのケースで24.4%，自殺念慮の問題で23.4%と全体のおよそ4分の1であった。実際の援助要請行動については，友人・家族に相談・援助を求めると回答したのが，抑うつのケースで48.0%，自殺念慮のケースで44.5%であった。それに対し，学生相談機関に相談・援助を求めると回答したのは，抑うつのケース

Table 10-1　各変数の基礎統計量と変数間の相関

変数	2	3	4	5	6	7	8	M	SD	range
1．問題の深刻度の評価：抑うつ	.49**	.12**	-.05	.07	.18**	.12**	.04	2.89	1.03	1-5
2．問題の深刻度の評価：自殺念慮	—	-.03	.10**	.13**	.08*	.12**	.04	3.63	1.18	1-5
3．SDS		—	-.67**	-.34**	.14**	-.10**	-.11**	43.43	8.18	20-80
4．自尊感情			—	.28**	-.08*	.10**	.11**	30.28	8.13	10-50
5．ソーシャル・サポート				—	.03	.20**	.18**	44.45	7.73	12-60
6．ATSC：利用意欲					—	.53**	.26**	14.87	3.21	6-24
7．ATSC：信頼性						—	.23**	14.78	3.36	6-24
8．ATSC：スティグマ耐性							—	12.57	2.15	4-16

*$p<.05$, **$p<.01$

Table 10-2 援助要請行動のプロセスの質問に対する回答

選択肢	"あてはまる"と回答した人数とその割合	
	抑うつ	自殺念慮
1. 普通のことなので何もしない	77 (10.2%)	67 (8.8%)
2. 普通のことではないと思うが，特に何もしない	185 (24.4%)	177 (23.4%)
3. 自分の力で対処する	444 (58.6%)	375 (49.5%)
4. 友人や家族に相談・援助を求めようと考えるが，結局は相談・援助を求めない	207 (27.3%)	201 (26.5%)
5. 友人や家族に相談・援助を求めようと考え，実際に相談・援助を求める	364 (48.0%)	337 (44.5%)
6. 大学の学生相談やカウンセラーなどの専門家に相談・援助を求めようと考えるが，結局は相談・援助を求めない	65 (8.6%)	81 (10.7%)
7. 大学の学生相談やカウンセラーなどの専門家に相談・援助を求めようと考え，実際に相談・援助を求める	54 (7.1%)	92 (12.1%)

N =758. 複数回答を許可

で7.1%，自殺念慮のケースで12.1%であった。

2）援助要請行動のプロセスとその関連要因

 援助要請行動のプロセスとその関連要因を検討するため，まず本研究で仮定したプロセスモデル（Figure 10-1）にもとづき，抑うつと自殺念慮のケースそれぞれにおいて，調査協力者を各ステージに分類した。複数回答がみられた場合には，より後のステージに割り当てた。たとえば，「自分の力で対処する」（ステージⅢ）と「友人や家族に相談・援助を求めようと考え，実際に相談・援助を求める」（ステージⅣ-2）を回答した場合，その人はステージⅣ-2として扱った。なお，「学生相談機関に援助要請」のステージには，学生相談機関への援助要請のみの回答者，および友人・家族と学生相談機関の両者への援助要請を回答したものが含まれる。各ステージの人数は Table

Table 10-3 援助要請行動のステージとその人数および割合

援助要請行動のステージ	抑うつ	自殺念慮
Ⅰ 問題の認識なし	18 (2.4%)	49 (6.5%)
Ⅱ 対処の必要なし	45 (4.9%)	24 (3.2%)
Ⅲ 自力対処のみ	142 (18.7%)	143 (18.9%)
Ⅳ 友人・家族のみに援助要請	442 (58.3%)	381 (50.3%)
－1 友人・家族のみに援助要請意図あり・行動なし	144 (19.0%/32.6%)	137 (18.1%/36.0%)
－2 友人・家族のみに援助要請行動あり	298 (39.3%/67.4%)	244 (32.2%/64.0%)
Ⅴ 学内の学生相談機関に援助要請	111 (14.6%)	161 (21.2%)
－1 学生相談機関に援助要請意図あり・行動なし	57 (7.5%/51.4%)	69 (9.1%/42.9%)
－2 学生相談機関に援助要請行動あり	54 (7.1%/48.6%)	92 (12.1%/57.1%)

$N=758$
／の左は全体における人数の割合を，右はそのステージ内における人数の割合を示す。

10-3の通りであった。

　もっとも人数が多かったステージは両ケースともステージⅣ「友人・家族のみに援助要請」で，全体の半数を超えた。抑うつのケースでは，続いてステージⅢ「自力対処のみ」，ステージⅤ「学生相談機関に援助要請」，ステージⅡ「対処の必要なし」，ステージⅠ「問題の認識なし」の順であった。自殺念慮のケースでは，ステージⅣに続いて，ステージⅤ「学生相談機関に援助要請」，ステージⅢ「自力対処のみ」，ステージⅡ「対処の必要なし」，ステージⅠ「問題の認識なし」の順であった。

　他者への援助要請のステージ（Ⅳ・Ⅴ）では，援助要請の意図がありながらも，実際には行動しないステージにとどまるものも多くみられた。ステージⅣ「友人・家族のみに援助要請」では，ステージⅣ-1「友人・家族のみに援助要請意図あり・行動なし」が抑うつのケースではステージⅣのサンプルのうちの32.6%，自殺念慮のケースでは36.0%を占めた。ステージⅤ「学生

相談機関に援助要請」では，ステージV-1「学生相談機関に援助要請意図あり・行動なし」が抑うつのケースではステージVのサンプルのうちの51.4%を，自殺念慮のケースでは42.9%を占めた。

次に援助要請行動のプロセスに関連する要因を検討するために，ロジスティック回帰分析を実施した。援助要請行動のプロセスを基準変数（プロセスの各フィルターを通過したデータを1，しなかったデータを0とコード化），性別（男性を1，女性を0とコード化），問題の深刻度，SDS，自尊感情，ソーシャル・サポート，ATSCを説明変数とした。

なお，授業の履修と過去のカウンセリング利用経験の2変数についても説明変数として分析に用いる計画であったが，設問の自由度が高く，同じ回答であっても内容が多様である可能性があると判断し，分析から除外した。

抑うつのケース　抑うつのケースのロジスティック回帰分析の結果を示したものが Table 10-4 である。フィルター1（問題の認識）と2（問題への対処）では問題の深刻度の評価が関連し，問題を深刻であると評価するほど抑

Table 10-4　抑うつのケースにおけるロジス

説明変数	フィルター					
	1 ($n=758$)		2 ($n=740$)		3 ($n=695$)	
	OR	95% CI	OR	95% CI	OR	95% CI
性別	0.63	[0.22, 1.83]	0.66	[0.34, 1.31]	0.39**	[0.25, 0.61]
問題の深刻度の評価	2.50**	[1.40, 4.47]	1.62**	[1.16, 2.28]	1.56**	[1.26, 1.94]
SDS	0.92	[0.85, 1.00]	1.02	[0.96, 1.08]	0.99	[0.96, 1.03]
自尊感情	1.00	[0.93, 1.08]	1.00	[0.95, 1.05]	0.99	[0.96, 1.02]
ソーシャル・サポート	1.03	[0.96, 1.10]	1.01	[0.96, 1.05]	1.07**	[1.04, 1.10]
ATSC						
利用意欲	1.06	[0.88, 1.27]	1.01	[0.90, 1.14]	1.03	[0.95, 1.11]
信頼性	1.02	[0.85, 1.21]	1.03	[0.92, 1.15]	1.06	[0.99, 1.15]
スティグマ耐性	0.92	[0.74, 1.14]	1.04	[0.90, 1.20]	0.99	[0.90, 1.09]

*$p<.05$, **$p<.01$, OR＝オッズ比，CI＝信頼区間
フィルター1：問題として認識するか，2：問題に対処するか，3：援助要請をするか，
4a：友人・家族のみに実際に援助要請行動をするか，

うつの問題を普通のことではないと認識していた。フィルター3（援助要請の検討）では，性別，問題の深刻度の評価，ソーシャル・サポートが関連し，問題を深刻と評価するほど，ソーシャル・サポートが多いほど，そして男性よりも女性のほうが，他者への援助要請行動を検討していた。フィルター4（学生相談機関への援助要請の検討）ではSDS，ソーシャル・サポート，ATSCの利用意欲と信頼性が関連し，精神的健康度が低いほど，ソーシャル・サポートが少ないほど，専門的な心理的援助の利用意欲および信頼性が高いほど，学生相談機関への援助要請行動を検討していた。フィルター4a（友人・家族のみへの援助要請行動）では，ソーシャル・サポートが関連し，ソーシャル・サポートが多いほど，友人・家族に実際に援助要請行動を行うと回答していた。フィルター4b（学生相談機関への援助要請行動）では，問題の深刻度の評価，ATSCの信頼性が関連し，問題を深刻と評価するほど，そして専門的な心理的援助に対する信頼性が高いほど，学生相談機関に実際に援助を要請すると回答していた。

ティック回帰分析の結果

4 ($n=553$)		4a ($n=442$)		4b ($n=111$)	
OR	95% CI	OR	95% CI	OR	95% CI
1.07	[0.66, 1.74]	0.94	[0.60, 1.46]	2.15	[0.81, 5.75]
1.15	[0.91, 1.45]	1.24	[1.00, 1.55]	1.62*	[1.04, 2.55]
1.06**	[1.02, 1.11]	0.98	[0.95, 1.02]	1.05	[0.98, 1.14]
1.01	[0.97, 1.05]	1.03	[1.00, 1.07]	1.05	[0.99, 1.13]
0.96*	[0.93, 1.00]	1.05*	[1.01, 1.08]	1.01	[0.95, 1.08]
1.18**	[1.07, 1.29]	0.96	[0.88, 1.05]	1.08	[0.92, 1.27]
1.17**	[1.07, 1.29]	1.05	[0.96, 1.13]	1.31**	[1.10, 1.57]
0.94	[0.83, 1.06]	1.07	[0.96, 1.19]	1.06	[0.85, 1.31]

4：学内の学生相談機関に援助要請をするか，
4b：学内の学生相談機関に対して実際に援助要請行動をするか

自殺念慮のケース　自殺念慮のケースのロジスティック回帰分析の結果を示したものが Table 10-5 である。フィルター1（問題の認識）では問題の深刻度の評価とソーシャル・サポートが関連し，問題を深刻であると評価するほど，そしてソーシャル・サポートが多いほど，自殺念慮の問題を普通ではないと認識していた。フィルター2（問題への対処）では問題の深刻度の評価が関連し，問題を深刻であると評価するほど，何らかの対処行動を行うと回答していた。フィルター3（援助要請の検討）では，性別，問題の深刻度の評価，ソーシャル・サポートが関連し，問題を深刻であると評価するほど，ソーシャル・サポートが多いほど，そして男性より女性の方が，他者への援助要請行動を検討していた。フィルター4（学生相談機関への援助要請の検討）では問題の深刻度の評価，ソーシャル・サポート，ATSC の利用意欲および信頼性が関連し，問題を深刻であると評価するほど，ソーシャル・サポートが少ないほど，専門的な心理的援助の利用意欲および信頼性が高いほど，学生相談機関への援助要請行動を検討していた。フィルター4a（友人・家族

Table 10-5　自殺念慮のケースにおけるロジス

説明変数	フィルター					
	1 ($n=758$)		2 ($n=709$)		3 ($n=685$)	
	OR	95% CI	OR	95% CI	OR	95% CI
性別	1.21	[0.63, 2.33]	1.19	[0.43, 3.33]	0.59*	[0.38, 0.91]
問題の深刻度の評価	1.50**	[1.17, 1.93]	7.98**	[4.17, 15.28]	1.92**	[1.60, 2.30]
SDS	1.02	[0.97, 1.08]	0.97	[0.89, 1.05]	1.02	[0.98, 1.05]
自尊感情	1.00	[0.95, 1.05]	0.99	[0.91, 1.07]	1.02	[0.99, 1.05]
ソーシャル・サポート	1.07**	[1.03, 1.12]	1.02	[0.96, 1.09]	1.04*	[1.01, 1.07]
ATSC						
利用意欲	1.01	[0.91, 1.13]	0.91	[0.77, 1.08]	1.06	[0.98, 1.14]
信頼性	1.05	[0.94, 1.16]	0.89	[0.75, 1.05]	1.03	[0.96, 1.10]
スティグマ耐性	0.91	[0.79, 1.04]	0.89	[0.71, 1.11]	0.91	[0.83, 1.01]

*$p<.05$, **$p<.01$, OR＝オッズ比，CI＝信頼区間
フィルター1：問題として認識するか，2：問題に対処するか，3：援助要請をするか，
4a：友人・家族のみに実際に援助要請行動をするか，

のみへの援助要請行動）では，問題の深刻度の評価，SDS，ソーシャル・サポートが関連し，問題を深刻であると評価するほど，精神的健康度が高いほど，そしてソーシャル・サポートが多いほど，友人・家族に実際に援助要請行動をすると回答していた。フィルター 4 b（学生相談機関への援助要請行動）では，性別，問題の深刻度の評価，そして ATSC の信頼性とスティグマ耐性が関連し，問題を深刻であると評価するほど，専門的な心理的援助に対する信頼性と専門的な心理的援助の利用に対してのスティグマ耐性が高いほど，そして男性のほうが，学生相談機関に実際に援助を要請すると回答していた。

4．考察

1）学生相談機関に対する大学生の援助要請行動の特徴

学生相談機関に対する大学生の援助要請行動の特徴をプロセスの観点から検討した結果，援助要請行動に至るまでのプロセスの各ステージに学生は分

ティック回帰分析の結果

4 ($n=542$)		4 a ($n=381$)		4 b ($n=161$)	
OR	95% CI	OR	95% CI	OR	95% CI
1.09	[0.71, 1.70]	1.50	[0.91, 2.49]	2.81*	[1.03, 6.23]
1.82**	[1.44, 2.29]	1.47**	[1.18, 1.84]	1.87**	[1.22, 2.88]
1.01	[0.97, 1.04]	0.95*	[0.91, 0.99]	1.03	[0.97, 1.10]
1.02	[0.99, 1.06]	1.04	[1.00, 1.08]	1.05	[0.98, 1.12]
0.95**	[0.92, 0.98]	1.05*	[1.01, 1.09]	1.00	[0.94, 1.06]
1.18**	[1.09, 1.29]	1.02	[0.93, 1.12]	0.97	[0.84, 1.12]
1.13**	[1.04, 1.22]	1.01	[0.93, 1.10]	1.20**	[1.05, 1.38]
0.97	[0.87, 1.08]	0.98	[0.87, 1.10]	1.35**	[1.09, 1.67]

4 ：学内の学生相談機関に援助要請をするか，
4 b：学内の学生相談機関に対して実際に援助要請行動をするか

布し，問題を抱えながらも相談を求めない背景には，そもそも問題として認識しない場合から援助要請の意図があっても行動しない場合まで，プロセスの各段階での意思決定が関連していることが明らかとなった。

学生相談機関に対する大学生の援助要請行動の特徴として，まず抑うつと自殺念慮のケースにおいて，「問題の認識なし」，「対処の必要なし」のステージⅠおよびⅡにとどまる学生は抑うつの問題で7.3%，自殺念慮の問題で9.7%であった。高齢者を対象としたSakamoto et al. (2004) では，それぞれ21.7%，20.4%と報告されており，高齢者と比べると大学生は抑うつおよび自殺念慮の問題に関して変だと感じ，問題に対処する人の割合は高い。これは，高齢者よりも大学生をはじめとする若者において抑うつなどの精神障害を自覚しやすいとする欧米での先行研究の結果と一致する（Farrer et al., 2008; Fisher & Goldney, 2003; Hasin & Link, 1988）。このような年代差はコミュニティごとに異なる可能性があり，わが国の抑うつ・自殺に対する認識の年代差を精査する必要があるが，欧米で実施された近年の先行研究で示された年代差の背景に，大学などの教育機関による講義・キャンペーン，そしてメディアやインターネットを通じてメンタルヘルスに関する正しい知識・情報を得る機会が特に若い世代で増えていることが指摘されており（Farrer et al., 2008），わが国においても類似の現象が起きている可能性がある。しかしながら，抑うつ・自殺念慮の問題を抱えたとしても，その問題に対して何も対処しない学生が1割弱存在することが明らかとなった。

友人・家族および専門家に援助を求めようと考える学生は，抑うつと自殺念慮の両ケースとも，合わせて7割を超え（抑うつ：72.9%，自殺念慮：71.5%），多くの学生が他者に援助を求めようと考えることが明らかとなった。高齢者では7割弱（抑うつ：69.6%，自殺念慮：66.1%）であり（Sakamoto et al., 2004），ほぼ近い割合であった。しかしながら，専門家（学生相談機関）への援助要請では，抑うつの問題は大学生で14.6%，高齢者で14.8%とほぼ同じ割合なのに対して，自殺念慮の問題では大学生が21.2%，高齢者は

13.5％であり，自殺念慮の問題では高齢者と比べて大学生の方が専門家への援助要請を検討することが明らかとなった。このような差異が発達的なものか，あるいは社会的な影響が強いのかについては今後検討の余地があるが，抑うつ・自殺の両者に関して，専門家への援助要請を検討する割合は大学生でも高齢者でも20％程度かそれ以下，ということが明らかとなった。

　他者への援助要請行動のステージをさらに細かく見ると，援助を求めようと考える学生の中で援助要請の意図があっても実際に行動を起こさないと回答したものが，友人・家族では3割を超えた。学生相談機関に対しては自殺念慮のケースで42.9％，抑うつのケースでは51.4％と半数を超えた。さらに，抑うつおよび自殺念慮の問題で学生相談機関に相談・援助を求めようと考えて実際に行動すると回答した学生（ステージⅤ-2）は，抑うつのケースで全体の7.1％，自殺念慮のケースで12.1％であった。この結果は，他者に援助を求める意図があったとしても，行動に移すには大きな障壁や葛藤があることを示すものである。実際の援助要請行動を促進するためには援助要請の意図を高めるだけでは必ずしも十分ではないこと，そして抑うつや自殺念慮の問題を抱える学生に対して専門的な支援が届いていない，利用されていない実態が示唆される。

2）援助要請行動プロセスの各ステージにおける関連要因

　援助要請行動のプロセスの各ステージにおける関連要因についてロジスティック回帰分析を用いて検討した結果，抑うつおよび自殺念慮のそれぞれのケースにおいて，ステージごとに異なる関連要因が見いだされた。本研究で得られた結果について，以下に援助要請行動のプロセスに沿って考察していく。

　問題の認識（フィルター1）および問題への対処（フィルター2）　抑うつ・自殺念慮の状態を普通ではないと捉え，問題として認識するフィルター1と，抱える問題に対して何らかの対処をするフィルター2では，両ケースに

おいて問題の深刻度の評価が関連し、仮説が支持された。特に、抑うつの
ケースで関連を示した変数は問題の深刻度の評価のみであった。このことか
ら、自分自身が抱える問題を普通のことではないと認識し何らかの対処行動
へ移行するうえで、抑うつの問題の深刻さを適切に評価できることが重要で
あるといえよう。

　自殺念慮のケースでは、フィルター1でさらにソーシャル・サポートが関
連を示し、仮説とは異なる結果が得られた。ソーシャル・サポートが多いこ
とは、周囲とのかかわりの多さを示すと考えられる。他者とのかかわりや、
また他者からの指摘を通して問題として認識する機会も高まると考えられ
る。

　援助要請の検討（フィルター3）　抱える問題に対して自力でのみ対処する
か、あるいは他者に援助を求めることを検討するかがフィルター3である。
ここでは抑うつと自殺念慮の両ケースで、性別、問題の深刻度の評価、そし
てソーシャル・サポートが関連を示し、仮説が支持された。男性のほうが援
助要請を検討せず自力で対処する傾向を示し、これは女性のほうが男性より
も援助要請が高いという先行研究を支持する結果である（水野・石隈，
1999）。本研究の結果から、援助要請を検討する段階において女性は援助要
請を考える傾向がある一方、男性は問題の認識や対処の必要性の認識があっ
ても自力対処を考える傾向があることが示された。

　ソーシャル・サポートに関しては、両ケースともソーシャル・サポートが
多いほど援助要請を検討することが明らかとなり、従来の知見（永井，2010）
を支持する結果となった。ソーシャル・サポートを得られないと知覚してい
ると、他者に援助を求めるという選択肢が閉ざされると考えられる。した
がって、ソーシャル・サポートの構築は援助要請行動の促進においては欠か
せない。また、ソーシャル・サポートが得られることで、友人・家族から専
門的な援助につながることも考えられ（Griffiths et al., 2011），専門家への援助
要請を促進する観点からもソーシャル・サポートに焦点をあてたアプローチ

は有効であろう。

　一方で，自力での対処を志向する傾向を尊重した支援も検討しなければならない。佐藤（2008）は自分一人の力で問題を解決したい傾向をセルフヘルプ志向と捉え，セルフヘルプブックがセルフヘルプ志向の高い学生にとって援助資源となりうると指摘している。したがって，自力のみで対処する傾向のある男子学生やソーシャル・サポートが少ない学生にターゲットを絞ったセルフヘルプブックの開発も必要であろう。

　自尊感情は他者への援助要請の検討と関連を示さず，仮説は支持されなかった。永井（2010）は自尊心への脅威という側面から自尊感情と援助要請の関連を検討する場合，自尊感情と援助要請との単純な関連を検討するだけでは不十分であると指摘している。本研究では自尊心脅威モデルの「傷つきやすさ仮説」（Tessler & Schwartz, 1972）をもとに検討を行ったが，自尊感情の安定性や変動性の側面を測定できていない。援助要請行動のプロセスにおける意思決定と自尊感情との関連については，今後さらに詳細な検討が必要であろう。

　学生相談機関への援助要請の検討（フィルター４）　学生相談機関に援助要請を検討するかのフィルター４では，両ケースでソーシャル・サポート，そして専門的な心理的援助に対する利用意欲と信頼性が影響しており，仮説が支持された。専門的な心理的援助に対する信頼性を高めるアプローチが利用を促すうえで有効であるといえよう。

　ソーシャル・サポートは，それが少ないほど，学生相談機関への援助を検討していた。この結果は，友人サポートが少ないほど専門家への援助要請意図が高いという永井（2010）の知見を支持する結果である。他者に援助を求めることを検討する際に，ソーシャル・サポートが少ない学生にとっては，専門的な心理的援助は重要なサポート源となることを意味している。一方でこの結果は，ソーシャル・サポートが多い学生ほど専門家への援助を検討していないことを示している。つまり，抑うつ・自殺念慮の問題を抱えた際

に，ソーシャル・サポートの多い学生は友人・家族のみに援助を求めることを検討する傾向がある。この結果からも，抑うつ・自殺念慮の問題を相談された友人や家族は，必要に応じてその本人を専門的な援助につなげる重要な役割を担うといえよう。抑うつ・自殺念慮の問題で相談された場合の対処や専門家への紹介の仕方について心理教育を実施することも，自殺予防やうつ対策において重要といえる。

　問題の深刻度の評価は，自殺念慮のケースで関連が認められた。問題の深刻度の評価は，抑うつのケースではフィルター4と4aを除くすべてで，また自殺念慮のケースではすべてのフィルターで関連を示した。問題を深刻であると評価するほど，問題への対処の必要性を感じて援助要請行動が促進されるという予想をおおむね支持する結果が得られた。したがって，学生本人がその深刻さを過少に見積もることがないよう，メンタルヘルスに関する適切な知識の提供と理解の促進により，援助要請行動のプロセスを促進させることにつながると考えられる。

　一方でなぜ，抑うつのケースでは問題の深刻度の評価が専門家への援助要請の検討と関連を示さなかったのであろうか。フィルター4は学生相談機関に援助要請するか，あるいは友人・家族のみに援助要請するかの意思決定の段階である。梅垣（2011）はうつ病患者の受診に至るまでの問題の認識のプロセスを調査した結果，抑うつの症状を日常の延長としてとらえることが，違和感の認識を妨害し，症状の認識と受診を遅らせる要因の一つとなることを指摘している。このことから，抑うつの問題を深刻であると評価しても，その一方で抑うつの問題を日常の延長としてとらえると，学生相談機関ではなく身近な友人・家族への援助要請を検討する場合も考えられる。そのために本研究では，学生相談機関への援助要請の検討と問題の深刻度の評価は関連が認められなかったと解釈することができる。

　友人・家族のみへの援助要請行動（フィルター4a）　友人や家族に実際に援助要請行動を行うかのフィルター4aでは，どちらのケースでもソーシャ

ル・サポートが関係し，さらに自殺念慮のケースでは問題の深刻度の評価と精神的健康度が関連を示した。ソーシャル・サポートは友人・家族に対する援助要請の意図のみならず，実際の行動に対しても影響することが明らかとなった。このことから，ソーシャル・サポートの高さが友人・家族に対する援助要請行動を促進するうえで重要な要因であると考えられる。しかしながら，Griffiths et al. (2011) は抑うつの問題で家族や友達に援助を求めた際にはメリットのみならず，デメリットも存在することを指摘している。そのデメリットの一つに，援助を求めた際の友人・家族からのスティグマに基づく反応があげられる。たとえ友人・家族からのソーシャル・サポートが得られても，それが本人にとってネガティブなものであれば，受け取られたソーシャル・サポートは低く評価され，その後の援助要請行動に結びつかない可能性がある。このことからも，大学生を取り巻く友人・家族がメンタルヘルスに関する正しい知識やサポートの方法を習得することが必要であろう。学生本人のみならず，友人や家族を対象としたメンタルヘルス・リテラシーを高める心理教育的なプログラムの開発が期待される。

　さらに自殺念慮のケースでは，精神的な健康度が低いほど，友人・家族への援助要請意図がありながら行動に至らない可能性が示された。このステージにおいても，周囲が本人の問題に気づき，働きかけることが重要であろう。

学生相談機関への援助要請行動（フィルター4b）　最後に，学生相談機関に実際に援助要請行動を行うかのフィルター4bでは，両ケースとも問題の深刻度の評価と専門的な心理的援助に対する信頼性が関連を示した。専門的な心理的援助に対する肯定的な態度と援助要請が正の関連を示す結果は従来の知見を支持するものである (eg., Kahn & Williams, 2003)。本研究の結果，専門的な心理的援助に対する信頼性が，場面想定法での測定ではあるものの，学生相談機関への援助要請の意図だけでなく行動にも関連を示した。このことから，専門的な心理的援助に対する信頼性は，援助要請行動を促進させる

ための重要な要因であることが示唆された。

　自殺念慮のケースでは，さらにスティグマ耐性と性別が関連を示した。海外の研究において専門的な援助要請に関わるスティグマは援助要請態度や意図と一貫して負の関連が報告されている（eg., Vogel, Wade, & Hackler, 2007）。本研究では，フィルター4の学生相談機関への援助要請を検討する段階ではスティグマ耐性の関連は認められず，意図から行動に至る段階でのみ関連が認められた。このことは実際に学生相談機関への援助要請を行う段階になって，専門的な心理的援助を受けることのスティグマへの恐怖がより現実的となり，意図がありながらも実際の援助要請行動が抑制されることを意味する。したがって，自殺念慮のケースでは，専門的な心理的援助の利用意図を行動に結びつけるために，本人が抱くスティグマへの恐怖に配慮したアプローチが重要であろう。電話やインターネットを用いた支援などは，匿名性という観点から，援助要請に伴うスティグマへの恐怖に配慮した援助形態である可能性が考えられる。

　性別では，男性のほうが学生相談機関に援助要請行動を行う傾向が認められ，仮説と異なる結果が得られた。ただし，永井（2010）は大学生において男性のほうが女性よりも専門家に対する援助要請が高かったと報告している。また，高齢者を対象としたSakamoto et al.（2004）でも，自殺念慮の問題において男性のほうが専門家に相談する傾向があることを報告している。フィルター3の結果を踏まえると，自殺念慮のケースでは援助要請の意図と行動のステージで性別の影響が異なるといえる。つまり，女性のほうが他者への援助要請意図が高いが，学生相談機関への援助要請意図のある学生においては，女性よりも男性のほうが実際の行動に移行しやすいことが示唆される。したがって，学生相談機関への援助要請意図がありながらも，行動に結びつかない女子学生へのアプローチが必要であろう。

3）総括

本研究では，学生相談機関に対する大学生の援助要請行動のプロセスモデルに基づき，抑うつおよび自殺念慮の問題における大学生の援助要請の特徴とその関連要因を検討した。本研究で仮定したプロセスモデルはもともと高齢者を対象としたモデル（Sakamoto et al., 2004）を修正したものだが，本研究の結果は概ね先行研究から得られた知見と一致しており，モデルを援用することの妥当性が担保されていると考えられた。大学生において，問題が生起しても問題として認識しないステージから専門家に実際に援助要請行動を行うステージまで，高齢者と同様のプロセスが存在することが明らかとなった。各ステージの比率は異なるものの，援助要請行動のプロセスは大学生と高齢者で共通すると考えられた。さらにプロセスの各段階での意思決定に関連する要因が異なること，さらにその関連要因を定量的に明らかにしたことで，本研究の大学生の援助要請行動のプロセスモデルが精緻化されたといえよう。

本研究の対象は大学生であり，援助要請先として学生相談機関を想定し，抑うつと自殺念慮の問題を取り上げた。今後，本研究で提示したプロセスモデルに基づき，異なる発達段階の対象，異なる援助要請先，および異なる問題を取り上げて本研究の知見と比較・検討することで，さらなるモデルの精緻化へと結びつくであろう。

大学生の自殺予防および精神的健康の増進を目指した学生相談サービスへの示唆としては，まず個々の学生が援助要請行動のプロセスモデルのどのステージにいるのかを把握することが重要であろう。そのうえで，本研究で明らかとなった各ステージの関連要因にターゲットをあてたアプローチを行うことで，抑うつおよび自殺念慮の問題を抱える学生の援助要請行動のプロセスを促進し，必要な援助につながることが期待される。

さらに，本研究結果から悩みや問題を抱える学生を取り巻く友人や家族が果たす役割の重要性が明らかとなった。抑うつ・自殺念慮の問題を抱えた際

に，専門家よりも友人・家族に援助を求めることが多いことから，大学生の自殺予防および精神的健康を高める介入として，当事者のみならず学生を取り巻く友人・家族をターゲットとした心理教育的アプローチが有効であろう。抑うつや自殺念慮を抱える学生への早期の気づき，そして悩みを相談された場合の効果的な対応方法を学ぶことができるプログラムの開発が求められる。

第11章 【研究8】大学生の抑うつ症状経験時の援助要請行動のプロセスと関連要因の検討

1．目的

　研究7において，大学生の学生相談に対する援助要請行動のプロセスの特徴および各ステージに関連する要因が明らかとなった。しかしながら，研究7では抑うつおよび自殺念慮の問題についての場面想定法を用いた研究であり，実際に抑うつや自殺念慮の問題を抱えた際の援助要請行動のプロセスおよびその関連要因は検討されていない。過去に実際に問題を抱えた際の援助要請行動のプロセスを取り上げて検討し，知見を比較検討する必要があるだろう。

　そこで，研究8では，研究7の援助要請行動のプロセスモデルを用いて (Figure 11-1)，実際に抑うつ症状を体験した時に焦点をあてて，どのように考え行動したかを尋ね，友人・家族および学生相談機関への援助要請行動のプロセスの特徴を明らかにし，援助要請行動のプロセスの各段階の意志決定に影響する要因を明らかにすることを目的とする。本研究の仮説は以下のとおりである。問題を深刻であると評価するほど，また精神的苦痛が強いほど，問題を認識し，対処の必要性を感じ，さらに他者への援助要請の必要性を感じると考えられることから，問題の深刻度の評価と精神的苦痛は援助要請行動のプロセスにおけるすべてのフィルターにおいて影響を示す。女性の方が男性よりも援助要請が高いことが報告されていることから（水野・石隈，1999），性別はフィルター3以降のすべてで影響を示す。ソーシャル・サポートが多いほど，友人・家族への援助要請を検討し，実際に援助要請行動が可能となると考えられることから，フィルター3・4aに，さらにソー

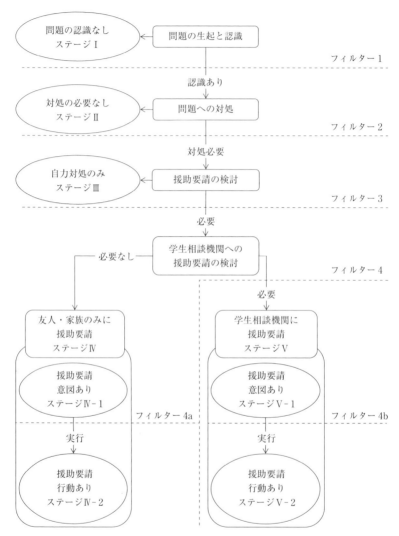

Figure 11-1　援助要請行動のプロセス（Figure 10-1再掲）

シャル・サポートが少ないほど，身近に援助を求める人がいないために専門家に援助を求めることを検討すると考えられることから，フィルター4・4bに影響を示す。心理専門職への援助要請に対する態度は，学生相談機関に対する援助要請の検討および実際の利用に影響すると考えられることから，フィルター4・4bに影響する。

2．方法

1）対象

抑うつ状態のシナリオ（「あなたは，悲しくなったり落ち込んだり，いつも楽しんでいることも楽しめなくなったりして，非常につらく感じたり，いつも通りの生活に支障が出たりするような状態になりました」）を提示し，大学入学後に同様の経験があったと回答した大学生221名（男性83名，女性138名）を対象とした。

2）手続き

2013年12月から2014年7月の間に，授業時間内を利用し質問紙調査を実施した。調査に先立ち，研究の趣旨，調査協力は任意であること，回答は統計的に処理されることを説明し，質問紙への回答を持って調査への同意とした。なお本研究は著者の所属機関の倫理審査委員会の承認を経て実施された。

3）質問紙の構成

援助要請行動のプロセス　前述の抑うつ状態のシナリオを提示し，抑うつ状態経験時における援助要請行動のプロセスに沿った7つの意識・行動についての選択肢（Table 11-1）について，あてはまるかどうか回答を求めた（複数回答可）。

問題の深刻度の評価　経験した抑うつ状態について，その問題の深刻度の評価を求めた。

Table 11-1 援助要請行動のプロセスの質問に対する回答率

選択肢	男性 ($n=83$)	女性 ($n=138$)	全体 ($N=221$)
1. 普通のことなので何もしない	15 (18.1%)	20 (14.5%)	35 (15.8%)
2. 普通のことではないと思うが，特に何もしない	18 (21.7%)	27 (19.6%)	45 (20.4%)
3. 自分の力で対処する	40 (48.2%)	49 (35.5%)	89 (40.3%)
4. 友人や家族に相談・援助を求めようと考えるが，結局は相談・援助を求めない	11 (13.3%)	24 (17.4%)	35 (15.8%)
5. 友人や家族に相談・援助を求めようと考え，実際に相談・援助を求める	37 (44.6%)	75 (54.3%)	112 (50.7%)
6. 大学の学生相談やカウンセラーなどの専門家に相談・援助を求めようと考えるが，結局は相談・援助を求めない	5 (6.0%)	8 (5.8%)	13 (5.9%)
7. 大学の学生相談やカウンセラーなどの専門家に相談・援助を求めようと考え，実際に相談・援助を求める	8 (9.6%)	15 (10.9%)	23 (10.4%)

複数回答を許可

精神的苦痛 精神疾患のスクリーニングに用いられる K6 (Kesseler, 2002) の日本語版（古川ら，2002）を用いた。

ソーシャル・サポート 家族および友人からのソーシャル・サポートの入手可能性を尋ねる項目を用いた（福岡，2010）。

援助要請に対する態度 心理専門職への援助要請に対する態度尺度 (SASPPH：大畠・久田，2010) を用いた。「信頼と期待」「汚名に対する恐れ」「特殊な状況への抵抗感」「無関心」の下位因子からなる。

4) 分析方法

援助要請行動のプロセスに影響する変数を検討するために，各フィルター

の通過の有無を目的変数（通過したケースを1，通過しなかったケースを0），性別（男性を0，女性を1），問題の深刻度の評価，K6，心理専門職への援助要請に対する態度の4つの下位因子を説明変数としたロジスティック回帰分析を用いた。

3．結果

1）援助要請行動のプロセスのステージ

まず抑うつ症状経験時における援助要請行動のプロセスを検討した。プロセスに沿った7つの意識・行動についての選択肢の回答率はTable 11-1の通りであった。次に，援助要請行動のプロセスモデル）に沿って，回答者を各ステージに分類した（Table 11-2）。なお複数回答が見られた場合には，より後のステージに分類した。その結果，「Ⅳ．友人・家族にのみへの援助要請行動」がもっとも多く（52.0%），次いで，「Ⅲ．自力対処のみ」（16.7%），

Table 11-2　援助要請行動のステージとその人数および割合

援助要請行動のステージ	人数（割合）		
	男性	女性	合計
Ⅰ　問題の認識なし	5（6.0%）	10（7.2%）	15（6.8%）
Ⅱ　対処の必要なし	7（8.4%）	11（8.0%）	18（8.1%）
Ⅲ　自力対処のみ	19（22.9%）	18（13.0%）	37（16.7%）
Ⅳ　友人・家族のみに援助要請	39（50.0%）	76（55.1%）	115（52.0%）
-1　友人・家族のみに援助要請意図あり・行動なし	8（9.6%/20.5%）	13（9.4%/17.1%）	21（9.5%/18.3%）
-2　友人・家族のみに援助要請行動あり	31（47.3%/79.5%）	63（45.7%/82.9%）	94（42.5%/81.7%）
Ⅴ　学内の学生相談機関に援助要請	13（15.7%）	23（16.7%）	36（16.3%）
-1　学生相談機関に援助要請意図あり・行動なし	5（6.0%/38.5%）	8（5.8%/34.8%）	13（5.9%/36.1%）
-2　学生相談機関に援助要請行動あり	8（9.6%/61.5%）	15（10.9%/65.2%）	23（10.4%/63.9%）

/ の左はそれぞれの全体における人数の割合を，右はそのステージ内における人数の割合を示す。

「Ⅴ．学生相談機関への援助要請」（16.3%）と続いた。「Ⅱ．対処の必要なし」が8.1%，「Ⅰ．問題の認識なし」が6.8%と，抑うつ症状に対して何も対処しない学生は全体の15%弱認められた。さらに友人・家族への援助要請行動を検討した学生のうち，全体の約18%は実際には援助要請行動をせず，学生相談においては，援助要請行動を検討した学生のうち，約36%の学生が実際には援助要請行動をしていなかった。なお男女の回答に有意な差は認められなかった。

2）援助要請行動のプロセスに関連する要因

抑うつ症状経験時における援助要請行動のプロセスの各段階における意思決定に関連する要因を検討するために，各フィルターの通過を基準変数，仮説に基づき性別，問題の深刻度の評価，K6，ソーシャル・サポート，SASPPHを説明変数としたロジスティック回帰分析を行った（Table 11-

Table 11-3　ロジスティック回帰

説明変数	フィルター					
	1 ($n=221$)		2 ($n=206$)		3 ($n=188$)	
	OR	95% CI	OR	95% CI	OR	95% CI
性別	—		—		1.59	[0.72, 3.50]
問題の深刻度の評価	1.59	[0.90, 2.82]	1.45	[0.87, 2.40]	1.27	[0.86, 1.87]
K6	1.08	[0.97, 1.20]	0.98	[0.89, 1.07]	1.12*	[1.03, 1.12]
ソーシャル・サポート	—		—		1.10**	[1.05, 1.16]
SASPPH						
信頼と期待	—		—		—	
汚名に対する恐れ	—		—		—	
特殊な状況への抵抗感	—		—		—	
無関心	—		—		—	
Nagelkerke R^2	.081		.024		.195	
Hosmer-Lemeshow 検定	$\chi^2=4.496, p=.810$		$\chi^2=5.789, p=.671$		$\chi^2=7.826, p=.451$	

*$p<.05$, **$p<.01$, OR＝オッズ比，CI＝信頼区間
フィルター1：問題として認識したか，2：問題に対処したか，3：援助要請をしたか，
4a：友人・家族のみに実際に援助要請行動をしたか，

3)。その結果，各モデルにおける寄与率は Nagelkerke の R^2 が .024〜.248であった。適合度は Hosmer-Lemeshow 検定の結果，ps = .256〜.933でありモデルの適合性が認められた。各フィルターに影響する変数はフィルター3の援助要請を検討するか否かでは，K6，ソーシャル・サポートが関連を示し，K6の得点が高いほど，ソーシャル・サポートが多いほど，他者への援助要請行動を検討していた。フィルター4の学内の学生相談機関への援助要請行動を検討するか否かでは，問題の深刻度の評価と SASPPH の無関心が関連を示し，抑うつ症状の深刻度を重く評価したほど，心理専門職に対する援助要請への無関心の態度が弱いほど，学内の学生相談機関への援助要請行動を検討していた。フィルター1・2・4a・4bにおいて，フィルターの通過に影響する有意な変数は認められず，仮説は一部のみ支持された。

分析の結果

4 (n = 151)		4a (n = 115)		4b (n = 36)	
OR	95% CI	OR	95% CI	OR	95% CI
1.04	[0.44, 2.49]	1.20	[0.41, 3.47]	0.84	[0.16, 4.42]
1.70*	[1.13, 2.56]	1.64	[0.97, 2.76]	0.85	[0.37, 1.96]
1.04	[0.96, 1.13]	0.93	[0.84, 1.03]	0.94	[0.80, 1.11]
0.97	[0.92, 1.03]	1.04	[0.97, 1.12]	0.97	[0.88, 1.07]
1.04	[0.95, 1.14]	—		0.89	[0.75, 1.07]
0.97	[0.83, 1.13]	—		1.45	[0.95, 2.20]
1.01	[0.86, 1.20]	—		0.80	[0.53, 1.22]
0.77*	[0.62, 0.96]	—		0.77	[0.46, 1.27]
.248		.106		.203	
χ^2 = 10.128, p = .256		χ^2 = 8.125, p = .421		χ^2 = 2.419, p = .933	

4：学内の学生相談機関に援助要請をしたか，
4b：学内の学生相談機関に対して実際に援助要請行動をしたか

4．考察

1）抑うつ症状体験時の援助要請行動のプロセスの特徴

大学生が抑うつ症状を体験した際に，友人・家族といった身近な人への援助要請の検討が半数以上を占めもっとも多かった。この結果は場面想定法を用いた研究7の知見とも一致する。次いで多かったのが，自分の力のみで対処する学生で，全体の17％弱であった。抑うつ傾向に対するセルフケアとして，学生の20％弱が家族と話したり，おいしいものを食べるなどのセルフケアを実践している一方で，学内支援や医療機関への相談といったケアを行っている学生は少ないという知見（田中，2014）を支持する結果となった。

一方，抑うつ症状を経験した際に，問題として認識しない，あるいは何も対処をしなかった学生が約15％を占め，場面想定法の結果（約7％：研究7）と比べて高い割合を示した。この結果は，実際に抑うつ症状を体験した場合には，その問題に気づきづらい（梅垣，2011），あるいは症状の深刻さや対処の必要性について楽観的に見積もる楽観的認知バイアス（Spendelow, 2010）が生じる可能性を示唆する。したがって，抑うつ症状を経験しているときには，このような現象が生じる可能性があることを大学生に健康教育として伝えることで，抑うつ症状が生じた際に，その症状に気づきやすく，対処行動にもつながりやすくなると考えられる。

2）抑うつ症状体験時における援助要請行動のプロセスの進行を抑制・促進する要因

学生相談機関の利用を検討するか否かでは，専門的な心理的援助に対する態度の「無関心」が関連することが明らかとなった。つまり専門的な心理的援助に対して関心が低い学生は抑うつ症状を経験した際に，学生相談機関の利用を検討しないことを意味する。したがって，学生相談機関の利用につなげるためには，専門的な心理的援助への関心を高めることが重要であろう。

学生相談機関の利用を検討した学生のうちの約36%は利用を検討しながらも実際に学生相談機関を利用していなかった。場面想定法による研究では（研究7），学生相談機関を実際に利用するかどうかは，問題の深刻度の評価および専門的な心理的援助に対する肯定的な態度が関連を示していた。本研究では，問題の深刻さおよび援助要請の態度は関連を示さず，場面想定法とは異なる結果が得られた。実際に抑うつ症状を体験した場合には，問題の深刻度の評価や援助要請に対する態度よりも，場所がわかりづらい，学生相談室の場所までが遠いなどの実際面のハードルの高さ（高野ら，2014b）が学生相談を実際に利用するかどうかに影響している可能性が考えられる。さらに無気力や決断困難といった抑うつ症状のために，学生相談機関までの移動や予約手続きの煩雑さなどの物理的ハードルが障害となり学生相談機関の利用につながらなかった可能性も考えられる。したがって2次予防においては，申込手続きの簡素化や相談形態の多様化などの物理的な利用しやすさの工夫が必要と考えられる。

　性別はフィルター3以降のすべてにおいて関連が認められず仮説は支持されなかった。この結果は先行研究と異なる知見である（水野・石隈，1999）。抑うつの問題以外でも同様の結果が示されるのか，さらなる検討が求められる。

第12章 【研究9】大学生の学生相談利用を促す心理教育的プログラムの開発

1．目的

　大学の学生相談において悩みを抱えながら相談に来ない学生への対応が課題となっている（独立行政法人日本学生支援機構，2017）。このような学生相談の現場における課題に対して，わが国において学生相談室の利用を促す様々な取り組みが行われてきた。近年はその取り組みの効果検証を行う研究も増えてきている（木村，2014）。たとえば伊藤（2011）は，学生相談機関のガイダンスの効果を検証し，学生相談機関のガイダンスにより学生の学生相談に対する周知度が高まること，ガイダンスにより学生相談機関の「有益な支援の提供」イメージ，「利用対象者」イメージが高まることで，学生相談機関への来談意思を高めることを明らかにしている。吉武（2012）は学生相談室のリーフレット，学生相談室便り，学生相談室内の入室が利用促進に及ぼす効果を検証し，学生相談室の抵抗感が低下し，学生相談室のイメージが上昇することを明らかにした。カウンセラーのビデオ映像が学生相談機関への援助要請意識に及ぼす効果を検証した中岡ら（2012）は，カウンセラーの映像がある方がないよりも，援助要請不安を低減し，援助要請期待を高めることを報告している。高野ら（2014a）は，学生相談所のカウンセラーが担当する初年次対象の講義「学生生活概論」が援助要請に及ぼす効果を検証し，統制群と比べて講義を受講した処遇群の方が，援助要請の態度が肯定的に変化したことを報告している。

　このように学生相談領域における援助要請促進のための介入研究が徐々に増えてきているが，一方で学生相談領域に限らないが，永井・新井（2013）

第12章【研究9】 147

は援助要請促進のための介入研究における課題として，得られる成果とその検証が十分ではない点と，それぞれの介入活動が十分な理論的基盤を持たないという点が指摘している。また，学生相談活動における現場での実践上の制約を考慮した場合，より短時間で実施可能な介入プログラムの必要性が挙げられる。そこで研究9では理論的基盤にもとづく介入プログラムを開発し，その効果を検証することを目的とする。

　本研究の介入プログラムの理論的基盤として援助要請行動のプロセスのモデル（第10章・研究7：Figure 10-1）を採用した。このモデルでは援助要請行動をプロセスの観点からとらえ，問題の生起から実際の援助要請行動に至るまでのプロセスにおいて，6つのフィルターと7つのステージを設定している（第10章参照）。

　これまでの学生相談領域における援助要請研究から，大学生の援助要請の特徴および援助要請を促進・抑制する要因が抽出されている。それらの要因を援助要請行動のプロセスの観点から整理すると，各フィルターの通過の有無に影響する要因をとらえることができる。本研究の介入プログラムでは，これらの援助要請行動に関する知見を大学生に伝えることにより，援助要請行動のプロセスの特徴および援助要請行動のプロセスを促進・抑制する要因を学生自身が理解することで，悩みや問題を抱えた際の適応的な援助要請行動につながることが予想される。

　介入プログラムの方法としては冊子を用いた心理教育的アプローチを採用した。冊子やリーフレットの配布は学生相談機関が利用促進活動として多くの大学で実施しており（岩田ら，2016），学生は必要に応じて，自分の都合に合わせて読み返すことができること，さらに同内容のものをweb上で公開することも可能であるというメリットがある。

　以上の議論を踏まえ，本研究では大学生の学生相談機関の利用を促すことをねらいとした，援助要請行動のプロセスに焦点をあてた冊子を用いた心理教育的プログラムを開発し，その効果を検証することを目的とする。

2．方法

1）研究協力者

　研究協力の得られた関西圏の私立大学の大学生49名であった。そのうち全2回の質問紙調査に回答した34名（男性10名，女性24名）を分析の対象とした。

2）介入プログラムの作成および概要

　介入プログラムに用いるＡ５判12ページ（表紙等含む）からなる冊子を作製した。冊子のタイトルは「学生相談機関の上手な活用の仕方」で，「１．学生相談ってなに？」，「２．悩みが生じてから相談に至るまで」，「３．あなたの大学の学生相談機関を調べよう」，「４．充実した学生生活を送るために」の４つの項目から構成されている（Table 12-1, 資料参照）。協力者に冊子を配布し，冊子と同じ内容のパワーポイントを用いて，筆者が説明を行った。時間はおよそ25分であった。介入プログラムを担当した著者は対象となった大学の学生相談室に所属し，実際に学生相談の業務を担当している。

3）手続き

　著者が担当する講義において2014年６月に介入プログラムを実施した。なお介入プログラム実施１週間前（プレ）と介入プログラム実施後（ポスト）の計２回，質問紙調査を実施した。

4）質問紙の構成

　質問紙の構成は以下の通りであった。

　デモグラフィック変数　年齢・性別を尋ねた。

　調査協力者の照合のための番号　質問紙調査を複数回実施するため，調査協力者の回答を照合する目的として，回答者の生年月日および携帯番号の下４桁の記入を求めた。

Table 12-1　介入プログラムの構成および実施計画

	時間	項目		ねらい	内容	冊子
1	1分	導入			プログラム実施者の自己紹介	表紙
2	1分	はじめに		プログラムの内容を理解する	本プログラムの紹介とねらいを伝える	p. 1
3	3分	1．学生相談ってなに？		学生相談についての基本的な知識を獲得する	学生相談に関する疑問点や基本情報を，Q&A形式で説明	p. 2
4	12分	2．悩みが生じてから相談に至るまで		悩みが生じてから相談に至るまでの援助要請のプロセスについて理解する	援助要請行動のプロセスを図示し，そのプロセスの流れとプロセスの促進・抑制に影響を及ぼす要因について各プロセスごとに紹介	p. 3
			2-1．悩みや問題が生じる	悩みや問題に気づきに影響する要因を理解する	悩みや問題に気がつく場合，気がつかない場合のメリットとデメリットおよびその判断に影響する要因の説明	p. 4
			2-2．悩みへの対処を考える	悩みや問題に対処するかどうかの判断に影響する要因を理解する	悩みや問題に対処する場合，対処しない場合のメリットとデメリットおよびその意思決定に影響する要因の説明	p. 5
			2-3．誰かに相談するか考える	誰かに相談するかどうかの判断に影響する要因を理解する	誰かに相談する必要があると判断する場合，必要ないと判断する場合のメリットとデメリットおよびその意思決定に影響する要因の説明	p. 6
			2-4．身近な人に相談する	身近な人に相談するかどうかの判断に影響する要因を理解する	友人・家族に相談するかどうかの意思決定に影響する要因と実際に行動することの難しさの説明	p. 7
			2-5．学生相談機関を利用する	学生相談室を利用するかどうかの判断に影響する要因を理解する	学生相談を利用するかどうかの意思決定に影響する要因と実際に行動することの難しさの説明	p. 8
5	5分	3．あなたの大学の学生相談機関を調べよう		各大学の学生相談室についての具体的な情報を得ることで利用しやすくする	自身の大学の学生相談機関の具体的な情報を収集させ（または提供），各情報を冊子に記入	p. 9
6	2分	4．充実した学生生活を送るために		多様な援助資源について知る　援助要請にかかわる不安を低減する	大学には多様な相談窓口があることを伝える　相談に伴う不安をあらかじめ伝えることで，不安の低減を図る	p.10
7	1分	まとめ		本プログラムの内容をまとめる	本プログラムの目的，ねらいを再度伝える	裏表紙
計	25分					

援助要請行動のプロセス　大学生の援助要請行動のプロセスのステージを測定するために，研究7で用いた方法を使用した。まず抑うつ症状のシナリオ（「あなたは，悲しくなったり落ち込んだり，いつも楽しんでいることも楽しめなくなったりして，非常につらく感じたり，いつも通りの生活に支障が出たりするような状態になりました。」）を提示し，もし自分自身がそのような状況になった場合どのように考え，行動するか回答を求めた。援助要請行動のプロセスモデル（Figure 10-1）に沿った7つの選択肢から回答を求め，複数回答も認めた。選択肢は，「普通のことなので何もしない」（ステージⅠに該当），「普通のことではないと思うが，特に何もしない」（ステージⅡ），「自分の力で対処する」（ステージⅢ），「友人や家族に相談・援助を求めようと考えるが，結局は相談・援助を求めない」（ステージⅣ-1），「友人や家族に相談・援助を求めようと考え，実際に相談・援助を求める」（ステージⅣ-2），「大学の学生相談やカウンセラーなどの専門家に相談・援助を求めようと考えるが，結局は相談・援助を求めない」（ステージⅤ-1），「大学の学生相談やカウンセラーなどの専門家に相談・援助を求めようと考え，実際に相談・援助を求める」（ステージⅤ-2）であった。

心理専門職への援助要請に対する態度尺度　心理専門職への援助要請に対する態度を測定するために，大畠・久田（2010）によって作成された心理専門職への援助要請に対する態度尺度（以下SASPPH）を用いた。「専門性に対する信頼と期待」（11項目），「汚名に対するおそれ」（5項目），「特殊な状況に対する抵抗感」（5項目），「心理的援助に対する無関心」（4項目）の4つの下位因子，26項目，4件法からなる尺度である。

学生相談に対する援助要請意図　学生相談に対する援助要請意図を測定するために研究1（第4章）で使用した項目を用いた。3領域，それぞれ2つの悩み（「対人・社会面」：対人関係／恋愛・異性，「心理・健康面」：性格・外見／健康，「修学・進路面」：進路・将来／学力・能力）を提示し，もし自分一人で解決できない場合，どれくらい学生相談室を利用しようと思うか5件法で尋ね

た。

友人に学生相談室の利用を勧める意図 学生相談に対する援助要請意図と同じ6つの悩み提示し，同じ大学の友人が悩みを抱えて，自分一人では解決できずに悩んでいる場合，学生相談室の利用をどの程度勧めようと思うか5件法で尋ねた。

冊子・プログラムの評価・感想 ポスト時にのみ，冊子・プログラムの評価（「1．内容はわかりやすかった」，「2．冊子は見やすかった」，「3．内容を理解できた」）を5件法で，また自由記述形式で感想を尋ねた。

5）倫理的配慮

研究は著者が所属する機関の倫理審査委員会の承認を経て実施された。

3．結果

1）基礎統計量

本研究で測定した変数の記述統計量は Table 12-2，12-3 の通りであった。また調査協力者の援助要請行動のプロセスの各ステージの人数を示したものが Table 12-4 である。プレの段階での援助要請行動のステージでもっとも多かったのはステージⅣ「友人・家族のみに援助要請」で16名（47.1%）であり，次いでステージⅢ「自力対処のみ」が8名（23.5%），ステージⅡ「対処の必要なし」が6名（17.6%），ステージⅤ「学内の学生相談機関に援助要請」が3名（8.8%），ステージⅠ「問題の認識なし」が1名（2.9%）の順であった。なお，ステージⅤ-2「学生相談機関に援助要請行動あり」は0名であった。

2）介入効果の検討

介入プログラムの効果を検討するために，まずプレとポストにおける援助要請行動のプロセスのステージの変化を比較した（Table 12-5）。その結果，

Table 12-2 基礎統計量および t 検定の結果

変数	range	プレ M (SD)	ポスト M (SD)	t 値 (df=33)	効果量 d
援助要請態度（SASPPH）					
専門性に対する信頼と期待	11-44	33.21 (6.03)	32.47 (7.48)	1.10	0.01
汚名に対するおそれ	5-20	11.29 (2.89)	11.82 (3.81)	0.92	0.16
特殊な状況に対する抵抗感	5-20	11.82 (3.48)	11.85 (3.33)	0.06	0.01
心理的援助に対する無関心	4-16	9.21 (3.02)	9.62 (3.14)	0.84	0.13
学生相談に対する援助要請意図					
対人・社会面	2-10	4.18 (1.82)	4.91 (1.93)	2.51*	0.39
心理・健康面	2-10	4.44 (1.89)	5.50 (1.86)	2.90**	0.57
修学・進路面	2-10	5.65 (2.19)	6.29 (2.34)	1.90	0.32
友人に学生相談の利用を勧める意図					
対人・社会面	2-10	5.12 (2.11)	5.32 (1.82)	0.71	0.09
心理・健康面	2-10	5.26 (1.73)	5.59 (1.69)	0.91	0.19
修学・進路面	2-10	7.00 (2.32)	6.65 (2.16)	1.03	0.16

*p< .05, **p< .01

Table 12-3 援助要請行動のプロセスの質問に対する回答

選択肢	"あてはまる"と回答した人数とその割合 プレ	"あてはまる"と回答した人数とその割合 ポスト
1．普通のことなので何もしない	3 (8.8%)	5 (14.7%)
2．普通のことではないと思うが，特に何もしない	12 (35.3%)	11 (32.4%)
3．自分の力で対処する	18 (52.9%)	18 (49.5%)
4．友人や家族に相談・援助を求めようと考えるが，結局は相談・援助を求めない	7 (20.6%)	12 (35.3%)
5．友人や家族に相談・援助を求めようと考え，実際に相談・援助を求める	12 (35.3%)	13 (38.2%)
6．大学の学生相談やカウンセラーなどの専門家に相談・援助を求めようと考えるが，結局は相談・援助を求めない	3 (8.8%)	4 (11.8%)
7．大学の学生相談やカウンセラーなどの専門家に相談・援助を求めようと考え，実際に相談・援助を求める	0 (0.0%)	2 (5.9%)

N=34. 複数回答を許可

Table 12-4 援助要請行動のステージとその人数および割合

援助要請行動のステージ	プレ	ポスト
Ⅰ 問題の認識なし	1 (2.9%)	3 (8.8%)
Ⅱ 対処の必要なし	6 (17.6%)	2 (5.9%)
Ⅲ 自力対処のみ	8 (23.5%)	6 (17.6%)
Ⅳ 友人・家族のみに援助要請	16 (47.1%)	17 (50.0%)
－1 友人・家族のみに援助要請意図あり・行動なし	5 (14.7%/31.3%)	6 (17.6%/35.3%)
－2 友人・家族のみに援助要請行動あり	11 (32.3%/68.8%)	11 (32.3%/64.7%)
Ⅴ 学内の学生相談機関に援助要請	3 (8.8%)	6 (17.6%)
－1 学生相談機関に援助要請意図あり・行動なし	3 (8.8%/100.0%)	4 (11.8%/66.7%)
－2 学生相談機関に援助要請行動あり	0 (0.0%/0.0%)	2 (5.9%/33.3%)

$N=34$
／の左は全体における人数の割合を，右はそのステージ内における人数の割合を示す．

Table 12-5 援助要請行動プロセスのステージにおける人数の変化

援助要請行動のステージ	プレ	ポスト 後退	ポスト 変化なし	ポスト 促進
Ⅰ 問題の認識なし	1	0	1	0
Ⅱ 対処の必要なし	6	1	1	4
Ⅲ 自力対処のみ	8	0	4	4
Ⅳ 友人・家族のみに援助要請				
－1 友人・家族のみに援助要請意図あり・行動なし	5	1	1	3
－2 友人・家族のみに援助要請行動あり	11	3	6	2
Ⅴ 学内の学生相談機関に援助要請				
－1 学生相談機関に援助要請意図あり・行動なし	3	1	2	0
－2 学生相談機関に援助要請行動あり	0	0	0	0
計	34	6	15	13

プロセスのステージが促進された学生は34名中13名（38.2%），変化がなかった学生は15名（44.1%），ステージが後退した学生は6名（17.7%）であった．プレにステージⅢ「自力対処のみ」の学生は，8名中4名がポストにステー

ジが促進されていた。一方で，ステージⅣ-2「友人・家族のみに援助要請行動あり」では11名中6名に変化はなく，2名はステージが後退していた。またステージⅤ-1「学生相談機関に援助要請意図あり・行動なし」では，3名ともにステージの促進は認められなかった。

次に，プレ・ポストの各変数の得点について対応のある t 検定を実施した（Table 12-6）。その結果，「対人・社会面」「心理・健康面」における学生相談に対する援助要請意図においてプレとポストの間の平均値に有意な差が認められ，プレよりもポストの平均値の方が高かった。援助要請態度，友人に学生相談の利用を勧める意図，および「修学・進路面」における学生相談に対する援助要請意図ではプレとポストの平均値の間に有意な差は認められなかった。

援助要請の促進の観点から，他者への援助要請行動を検討しないステージにいる学生へのアプローチが求められている。そこで，プレの段階で他者へ

Table 12-6　援助要請検討なし群における得点の変化（n=15）

変数	プレ M (SD)	ポスト M (SD)	t 値 (df = 14)	効果量 d
援助要請態度（SASPPH）				
専門性に対する信頼と期待	32.00 (7.18)	32.33 (9.36)	0.33	0.09
汚名に対するおそれ	11.47 (2.92)	12.40 (4.53)	0.98	0.25
特殊な状況に対する抵抗感	11.73 (3.39)	12.13 (3.98)	0.47	0.13
心理的援助に対する無関心	10.20 (2.65)	10.40 (3.46)	0.23	0.06
学生相談に対する援助要請意図				
対人・社会面	4.60 (1.92)	4.73 (2.25)	0.38	0.10
心理・健康面	4.67 (2.02)	5.40 (2.20)	1.32	0.33
修学・進路面	6.07 (2.31)	6.07 (2.63)	0.00	0.00
友人に学生相談の利用を勧める意識				
対人・社会面	5.47 (2.33)	5.00 (1.96)	1.13	0.29
心理・健康面	5.20 (2.04)	5.33 (2.02)	0.21	0.06
修学・進路面	6.93 (2.66)	6.47 (2.67)	0.76	0.20

の援助要請を検討しないステージに該当した群（ステージⅠ～Ⅲの15名：援助要請検討なし群）と学生相談への援助要請を検討していないが家族・友人のみに援助要請を検討するステージに該当した群（ステージⅣの16名：援助要請検討あり群）で，介入の効果に違いが認められるかどうかを検討するために，プレ・ポストの各変数の得点ついて対応のある t 検定を実施した。援助要請検討なし群ではすべての変数においてプレとポストの間の平均値に有意な差は認められなかった（Table 12-6）。援助要請検討あり群では，「対人・社会面」「心理・健康面」における学生相談に対する援助要請意図と友人に学生相談の利用を勧める意図においてプレとポストの間の平均値に有意な差が認められ，プレよりもポストの平均値の方が高く，効果量 d は小～中の大きさであった。援助要請態度，「修学・進路面」における学生相談に対する援助要請意図および友人に学生相談の利用を勧める意図ではプレとポストの平均値の間に有意な差は認められなかった（Table 12-7）。

Table 12-7　援助要請検討あり群における得点の変化（n=16）

変数	プレ M (SD)	ポスト M (SD)	t 値 (df = 15)	効果量 d
援助要請態度（SASPPH）				
専門性に対する信頼と期待	33.31 (4.60)	31.50 (5.45)	1.79	0.42
汚名に対するおそれ	10.94 (3.07)	11.63 (3.34)	0.88	0.22
特殊な状況に対する抵抗感	12.06 (3.47)	11.94 (2.46)	0.20	0.05
心理的援助に対する無関心	9.00 (2.97)	9.31 (2.55)	0.49	0.13
学生相談に対する援助要請意図				
対人・社会面	3.44 (1.50)	4.69 (1.45)	2.66*	0.57
心理・健康面	3.94 (1.77)	5.38 (1.63)	2.49*	0.54
修学・進路面	5.06 (2.05)	6.13 (2.16)	1.73	0.41
友人に学生相談の利用を勧める意図				
対人・社会面	4.31 (1.62)	5.44 (1.59)	4.14**	0.73
心理・健康面	4.88 (1.15)	5.69 (1.30)	2.15*	0.49
修学・進路面	6.75 (2.11)	6.69 (1.49)	0.16	0.04

**p< .01, *p< .05

3）研究協力者の冊子・プログラムに対する評価

研究協力者のプログラムに対する評価は,「1．内容はわかりやすかった」は平均値が3.77（$SD=1.15$）,「2．冊子は見やすかった」は平均値が3.74（$SD=1.12$）,「3．内容を理解できた」は平均値が3.87（$SD=1.16$）であった。冊子に対する自由記述の回答では,良かった点としては,「秘密が守られるところが良かった。広まってほしくない悩みに対し,誰かに相談する時に怖いからだ。」,「相談する前に,気づくことや,対処まで書かれていて見やすかった。学生相談機関についてよく分かったし,利用してみようという気が少し出てきた。全体的に読みやすく,気軽に相談できそうだと思った。」,「カラフルで良い」,「くわしく書かれていたので良かった。」,「図があってよかった。」,「字が大きく見やすかった」,「図が見やすかった。色とかも見やすい。」という記述がみられた。改善点としては「字がぎっしりすぎてちょっと見にくい」,「文字が多すぎて見にくかった。」,「もうちょっとイラストを入れるなどしてわかりやすくした方がよいと思った。」という記述がみられた。

4．考察

本研究では,大学生の学生相談利用を促す,援助要請行動のプロセスに焦点をあてた心理教育的介入プログラムの開発およびその効果を測定することを目的とした。以下に本研究で得られた結果を考察する。

結果より,本プログラムは援助要請行動のプロセスにおける一部のステージの学生に対して,プロセスのステージを促進させる効果が認められた。しかしステージによっては変化が認められない,あるいはステージが後退する場合もあり,効果は限定的であったため,今後さらなるプログラムの修正が必要である。なお,この結果は援助要請の促進をねらいとした介入プログラムを実施する際の注意点・危険性についても示唆するものである。つまり,大多数の学生にとって,援助要請をしやすくなるような介入を行ったとして

も，一部の学生にとっては，逆に援助要請しづらくなる事態を招く危険性があるということである（高野，2004）。本プログラムの場合には，援助要請行動のプロセスとその関連要因，および学生相談機関の情報・知識について心理教育的な情報提供を行うことで，学生は悩みを抱えてから他者に相談するまでの心理やその際に影響する要因について直面化し，さらには今までは考えたり，イメージしたことがないことについてもより具体的に考える機会となるため，援助要請行動のプロセスに伴う不安や心配がより現実的に喚起されるという介入の負の効果が考えられる。しかしながら，このような援助要請に伴う不安や心配の喚起は自分自身の援助要請行動の特徴を振り返る機会ともなり得るだろう。たとえば，永井（2013）の援助要請スタイルの3分類（「援助要請自立型」「援助要請過剰型」「援助要請回避型」）の観点から，学生自身に援助要請スタイルを振り返らせ，自分にとってよりふさわしい援助要請スタイルを模索していく機会を提供する方法などが考えられる。

　援助要請態度，学生相談に対する援助要請意図および友人に学生相談の利用を勧める意図に及ぼす効果について着目すると，友人・家族のみに援助要請を検討するステージの学生（ステージⅣ）に対しては，学生相談に対する援助要請意図および友人に学生相談の利用を勧める意図を高める効果が認められた。しかしながら，他者への援助要請を検討しないステージの学生（ステージⅠ・Ⅱ・Ⅲ）に対しては，援助要請態度・学生相談に対する援助要請意図・友人に学生相談の利用を勧める意図，すべてにおいて介入プログラムの効果は認められなかった。この結果から，本プログラムの効果は学生が援助要請行動のプロセスのどのステージにいるかによって，異なることが示唆される。では，なぜ友人・家族のみに援助要請を検討するステージの学生には効果が認められて，他者への援助要請を検討しないステージの学生には効果は認められなかったのであろうか。その可能性として，プレ時における得点の違いが影響したことが考えられる。プレ時の得点を見ると，援助要請検討あり群の方が援助要請検討なし群よりも平均値が低く，そのために得点上昇

の余地が大きかったことが考えられる。援助要請検討あり群は友人・家族のみへの援助要請を検討しているステージの学生であり，学生相談への援助要請は検討していない。つまり他者への援助要請を検討した上で，援助要請の相手として学生相談を選択せずに，友人や家族といった身近な人のみへの援助要請の選択したことになり，学生相談への援助要請を積極的に回避しているとも考えることができる。そのために，このステージにいる学生は他のステージの学生と比べて，学生相談に対する援助要請意図が低い可能性が示唆される。友人・家族に対する援助要請では解決できない場合，時間や距離などの物理的な制約のために友人・家族に援助要請できない場合に，学生相談機関が援助要請の対象として選択肢の一つとなるよう，このステージにいる学生に対する学生相談利用を促すアプローチも重要であると考えられる。今回の介入プログラムにより，このステージの学生における学生相談に対する援助要請意図の得点が上昇した結果は，本プログラムの成果の一つといえよう。

　友人・家族のみに援助要請を検討するステージの学生には効果が認められて，他者への援助要請を検討しないステージの学生には効果は認められなかったもう一つの可能性としては，学生相談機関に対する援助要請を検討するステージに至るまでのプロセスのステージへの介入が不十分であったという点である。他者への援助要請を検討していないステージでは，そのステージに至るまでに，問題への気づき，対処の必要性の認識，自力では解決できないことによる他者への援助要請の必要性の認識という援助要請行動のプロセスのステージを経る必要がある。このステージを通過していない状態では，ステージを飛び越えて学生相談機関への援助要請の検討には至らないために，他者への援助要請を検討しないステージの学生において効果が認められなかったと考えられる。したがって，他者への援助要請を検討する前のステージにいる学生に対しては，自分が抱える問題への気づき，その問題に対する対処の必要性の判断，自力対処が可能かどうかの判断が可能となるよう

な内容の構成が必要と考えられる。本介入プログラムにおいても，それらの内容が含まれていたが，各ステージでの意思決定に必要となるような具体的・客観的な情報が必ずしも十分とは言えなかった。具体的にどのような情報を含めればよいかについては，「精神疾患の認識・管理・予防を援助する知識と信念」であるメンタルヘルス・リテラシー（Jorm, 2000）の内容が参考になるだろう。

　心理専門職への援助要請に対する態度については，介入プログラムの前後で変化は認められなかった。メタ分析の結果，大学生の心理専門職への援助要請意図に関連する要因として，心理専門職への援助要請に対する態度は期待される有用性とともに効果量が大きかったと報告されており（Li et al., 2014），また学生相談機関の利用の促進においても援助要請に対する態度はその関連が明らかとなった（研究7）。心理専門職への援助要請に対する態度に変化が認められなかった結果についてはいくつかの解釈が考えられる。1点目は本研究で用いた効果指標の点である。本プログラムは援助要請の対象としての心理専門職として学生相談機関に対象を絞った内容であった。一方で，「心理専門職への援助要請に対する態度尺度」は全般的な心理専門職を対象とした援助要請の態度を測定する尺度となっている。そのために，本プログラムの実施では態度に変化が認められなかったと考えられる。

　2点目は，本プログラムのような短時間でのガイダンスでは，態度変容にはつながらないということである。より長期的・継続的なアプローチが必要と考えられる。しかしながら，「心理専門職への援助要請に対する態度尺度」に変化が認められなくても，学生相談への援助要請意図の上昇が確認された。行動に対する意図を予測する変数として態度は重要な要因の一つである（Ajzen, 1991）。この結果から考えられることとして，一つには前述の内容とも関連するが，心理専門職全般への援助要請に対する態度と学生相談機関への援助要請に対する態度とでは，その構造や構成要素が異なる可能性である。学生相談に対する援助要請の態度を測定する尺度も開発されており（高

野ら，2008）それらの指標を用いた検証が必要であろう。もう一つには，学生相談への援助要請意図に対して，態度よりも他の要因の影響が強い可能性である。研究3では学生相談への被援助志向性に影響する要因として，学生相談利用のメリットと周囲からの利用期待が明らかとなった。介入プログラムを通して，これらの変数が上昇したことで，結果として学生相談への援助要請意図が上昇した可能性が考えられる。本介入プログラムでは援助要請検討あり群において，友人に学生相談の利用を勧める意図が上昇した。大学生が自分自身の問題での学生相談利用の意識のみならず，学内の友人に学生相談の利用を勧める意識が高まることで，友人間で相互に学生相談の利用を勧める意識が共有されて，学生相談利用における周囲からの利用期待の知覚も高まることが期待される。なお，専門的な心理的援助に対する援助要請の態度の向上には，メタ分析の結果，メンタルヘルス・リテラシーの内容を含んだ介入が，効果があることが明らかとなっている（Gulliver et al., 2012）。またNam et al.（2012）は大学生の専門的な心理的援助に対する援助要請の態度に関連する要因についてメタ分析を行った結果，特に効果量の大きかった変数の一つとして予期される利益を報告している。したがって学生相談に対する援助要請の態度にターゲットを当てる場合には，メンタルヘルス・リテラシーに関する内容や専門的な心理的援助を利用することで得られる利益を具体的に伝える内容を介入プログラムの構成要素に含めることを検討する必要があるだろう。

第5部　総括─援助要請研究から学生相談実践へ─

　第5部では，援助要請研究の知見を学生相談実践にどのように展開していくのかを検討・提案する。第13章では，本研究の知見をまとめ，その知見に基づく学生相談実践への示唆について述べる。第14章では，学生相談の課題として必要性の高い事項である「悩みを抱えていながら相談に来ない学生の対応」に向けて，その理解と支援のための学生支援モデルを提案する。最後の第15章では，今後の学生相談領域における援助要請行動の課題と展望を示す。

第13章　援助要請研究の学生相談実践への貢献

これまでの章において，大学生の学生相談への援助要請について検討してきた。本書の目的は第3章で示したように以下のとおりであった。

1. 大学生の学生相談に対する援助要請の特徴，およびその関連要因を明らかにする（第2部）。
2. 大学生が友人に対して学生相談の利用を勧めることをどのように捉えているかを明らかにする（第3部）。
3. 大学生の学生相談への援助要請行動のプロセスと捉え，その特徴を明らかにする（第4部）。
4. 悩みを抱えていながら相談に来ない学生の理解と支援に向けた学生支援モデルを提案する（第5部）。

本章では，上述の1～3について，本研究で得られた知見をまとめ，その知見に基づく学生相談実践への示唆について述べる。次に本研究の学生相談領域における貢献，および援助要請研究における貢献について述べる。4については，次章で述べる。

1．本研究のまとめと学生相談実践への示唆

1）第2部の概観

第2部の目的は大学生の学生相談に対する援助要請の特徴，およびその関連要因を明らかにすることであった。

まず研究1（第4章）では，大学生の援助要請の特徴を明らかにするために，学生相談・友人・家族に対する被援助志向性およびその関連要因を検討

した。その結果，すべての問題領域において，友人および家族に対する被援助志向性は，学生相談に対する被援助志向性と比べて高かった。つまり自分一人で解決できない悩みや問題を抱えた場合に，友人・家族といったインフォーマルな援助者のほうが，フォーマルな援助者である学生相談よりも，大学生にとって援助を求める際の対象と捉えており，援助を求めやすいことを示唆するものである。しかし，友人・家族に対しては，自尊感情が低いほど，また自己隠蔽の傾向が強いほど，被援助志向性が低いことが明らかとなった。この結果は，自尊感情が低い，自己隠蔽が高い学生はインフォーマルな援助資源を活用できていない可能性を示すものである。つまり，そのような学生に対しては，学生相談機関が援助資源となりうる可能性がある。学生相談に対する被援助志向性に関連する要因としては，学生相談に対する認知度が挙げられる。学生相談に対する認知度が高いほど被援助志向性が高いことから，学生相談に対する被援助志向性を高める方法として，大学生の学生相談に対する認知度を高めることが一つの有効なアプローチといえよう。なお，援助不安については，学生相談に対する被援助志向性にほとんど影響力を示さなかった。

　研究2（第5章）では，学生相談に対する被援助志向性に関連する変数について，調整変数としての性別の影響を考慮した検討を行った。その結果，学生相談に対する被援助志向性に関連する変数は男女でその影響力に違いがあることが明らかとなった。この結果は，被援助志向性を高めるアプローチの際には，性別を考慮したアプローチが必要であることを示唆するものである。具体的には，女子学生においては援助不安の呼応性の心配が強いほど，学生相談に対する被援助志向性が低かった。したがって，女子学生に対しては，学生相談のカウンセラーがどのように対応してくれるのかといったカウンセリングにおけるカウンセラーのかかわりを中心とした情報提供を行うことが有効であろう。一方，男子学生においては，問題の共通性の認知が強いほど，学生相談に対する被援助志向性が高かった。つまり，男子大学生は自

分が抱える悩みが他の学生にも共通する悩みであると捉えているほど，学生相談を利用しようと考えているということである。したがって，男子学生に対しては，大学生の多くが抱える悩みや問題について，心理教育的な形で伝えることで，学生相談機関を利用しやすくなると考えられる。また学生相談室の認知度が高いほど学生相談に対する被援助志向性が高く，研究1の知見が研究2においても支持された。

　研究3（第6章）では，大学生を取り巻く周囲の人物の要因が，学生相談に対する被援助志向性に及ぼす影響を検討するために，TPB（Ajzen,1991）を用いた検討を行った。その結果，学生相談の利用に関して，周囲からの利用期待を強く感じている学生ほど，学生相談に対する被援助志向性が高かった。つまり，学生相談の利用にあたり，大学生は周囲の人物が学生相談の利用をどのように捉えているのかを気にしているということである。そして友人や家族が学生相談機関の利用に対して積極的あるいは肯定的にとらえていると学生が認識している場合には，学生相談に対する被援助志向性が高いことを意味する。この結果より，学生相談機関の利用を促進するためには，家族や友人あるいは大学の教職員といった大学生を取り巻く重要な人物が果たす役割は大きいと言える。周囲の人物からの学生相談機関の利用の勧めは，学生の周囲からの利用期待を強め，被援助志向性が高まることにつながることが期待される。したがって，学生相談機関の利用促進においては，大学のコミュニティ成員が果たす「つなぐ役割」の促進を意識したアプローチが必要と言える。また本研究からは，学生相談利用のメリットを高く評価しているほど学生相談への被援助志向性が高いことが明らかとなった。したがって，学生相談利用のメリットを大学生に認識してもらえるようなアプローチが重要であると言える。特に，学生相談利用の効果や有効性・専門性などの点をPRすることが有効であろう。年齢に関しては，年齢が若いほど，学生相談に対する被援助志向性が高いことが明らかとなった。多くの大学では新入生を対象に学生相談機関についてのガイダンスやPR活動を行っている

が，本結果は，上位学年に対する継続的な広報活動の必要性を示唆するものである。

研究4（第7章）では，研究3の知見を踏まえ，周囲の人物からの学生相談利用の勧めが，学生相談に対する被援助志向性に及ぼす影響を検討した。その結果，周囲の人物からの利用の勧めがある方がない場合よりも学生相談に対する被援助志向性が高かった。特に，学生相談室のカウンセラーと学生相談室の利用経験のある友人からの勧めでは，援助不安が高い学生においても被援助志向性が高かった。したがって，学生相談機関の利用促進においては，周囲からの利用の勧めが有効であるといえる。一方で，援助不安が高い学生および自尊感情が高い学生は，学生相談の利用経験がない友人から利用を勧められた場合，被援助志向性が低下する可能性が示唆されたため，利用経験がない友人が学生相談機関の利用を勧める際には配慮が必要といえる。

2）第3部の概観

第3部の目的は，大学生が友人に対して学生相談の利用を勧めることをどのように捉えているかを明らかにすることであった。

研究5（第8章）では，大学生の友人に学生相談の利用を勧める意識およびその関連要因について検討した。その結果，友人に学生相談の利用を勧める意識は，男女ともに「修学・進路面」の問題領域でもっとも高かった。研究1では自分自身の学生相談に対する援助要請においても，「修学・進路面」の問題での援助要請が高かったことから，大学生にとって，「修学・進路面」の問題では，学生相談機関を利用しやすいと考えられる。したがって，「修学・進路面」の問題をきっかけとした学生相談機関の利用を活用することが有効である。たとえば，「修学・進路面」の支援部署である学修支援センターやキャリアセンターと連携・協働して企画したワークショップなどは，学生にとっては利用したり友人に勧めやすく，そのことをきっかけとして学生相談機関の利用につながるかもしれない。また学生相談機関の認知度は利

用を勧める意識においても関連が認められたことから，学生相談機関の認知度を高める働きかけは，大学生の学生相談機関の利用促進に加え，利用を勧める意識を促進するためにも重要であると考えられる。

研究6（第9章）では，大学生の学生相談機関に対する援助要請と友人に学生相談機関の利用を勧める意識のギャップ（パーソナル・サービス・ギャップ）を検討した。その結果，大学生は抑うつ症状を抱えた場合，同じ症状であったとしても自分自身が学生相談を利用する意図は，友人に対して学生相談の利用を勧める意図よりも低く，パーソナル・サービス・ギャップが認められた。この結果より，学生相談利用に対する潜在的な援助ニーズを持ちながらも，学生相談に対する援助要請意図が抑制されている可能性が示唆される。したがって，援助ニーズを抱える学生が学生相談機関に自主来室するのを待つだけでなく，学生相談機関から必要な援助を届ける積極的なアプローチも必要であろう。一方，このパーソナル・サービス・ギャップを積極的に活用することも可能である。つまり同じ抑うつ症状を抱えた場合の，友人に学生相談の利用を勧める意図の高さを積極的に活用するということである。友人の抑うつ症状に気づき，学生相談機関の利用を勧めることで，その学生の学生相談機関の利用が促進される可能性があるからである。さらに，抑うつ症状を抱えた場合，自分自身の援助要請においても，また友人に援助要請を勧める場合でも，その援助要請の対象としては，学生相談機関よりも友人・家族の方が援助要請意図および援助要請を勧める意図が高かった。つまり，このことからも友人・家族をインフォーマルな援助者として位置づけて積極的に活用する視点が必要であろう。

援助要請意図および友人に援助要請を勧める意図どちらにおいても，援助の有効性の評価が関連していた。つまり学生相談機関の援助の有効性を高く評価しているほど，学生相談機関への援助要請意図および友人に学生相談の利用を勧める意図が高いということである。この結果は，研究3・5の利用のメリットが学生相談に対する援助要請および学生相談の利用を勧める意識

と関連するという知見を支持する結果である。利用のメリットとして，特に援助の有効性に焦点を当てることが重要であるといえる。学生相談対する援助要請意図では抑うつ症状の原因を内的に帰属する程度が高いほど，学生相談機関への援助要請意図が低かった。したがって，抑うつの原因を過度に内的に帰属することによって援助要請が抑制されることのないよう，抑うつ症状についての正しい知識や対処に関して心理教育を行うことが有効であろう。

3）第4部の概観

　第4部の目的は，大学生の学生相談への援助要請行動のプロセスと捉え，その特徴を明らかにすることであった。

　研究7（第10章）では，大学生の抑うつおよび自殺念慮の問題における学内の学生相談機関に対する援助要請行動のプロセスに焦点をあて，プロセスの特徴を明らかにするとともに，各段階の意思決定に関連する要因を検討した。その結果，悩みが生起してから実際に援助要請行動を実行するまでの一連の援助要請行動のプロセスにおいて，各ステージに学生は分布していた。つまり，問題を抱えながらも相談を求めない背景には，そもそも問題として認識していない場合から援助要請の意図がありながらも行動しない場合まで，プロセスの各ステージにおける意思決定が関連していることが明らかとなった。抑うつ・自殺念慮の問題を抱えたとしても，その問題に気づかない，あるいは何も対処しない学生は1割弱存在した。この結果は，援助や支援が必要となる状況や問題に適切に気づくことができるような，予防的なアプローチの必要性を示唆するものである。さらに，援助要請意図があっても，実際に行動に移さないと回答した学生が，友人・家族に対してでは3割を超え，学生相談機関に対してでは，自殺念慮の問題では42.9％，抑うつ症状の問題では51.4％に達した。この結果は，抑うつや自殺念慮の問題を抱える学生に対して専門的な支援が届いていない，あるいは利用されていない実

態を示すものである。他者に援助を求める意図があったとしても，行動に移すには大きな障壁や葛藤があり，実際の援助要請行動を促進するためには，援助要請の意図を高めるだけでは必ずしも十分ではない可能性が考えられる。抱える問題に対して自力のみでの対処を求める傾向は，女性よりも男性の方が多く，またソーシャルサポートが少ないほどその傾向が認められた。したがって，自力のみで対処する傾向のある男子学生やソーシャルサポートの少ない学生にターゲットを絞った，セルフヘルプの方法などの情報提供も有効であろう。

　研究8（第11章）では，実際に抑うつ症状を体験した時に焦点をあてて，どのように考え行動したかを尋ね，友人・家族および学生相談機関への援助要請行動のプロセスの特徴，援助要請行動のプロセスの各段階の意志決定に影響する要因を検討した。その結果，援助要請行動のプロセスとステージにおいて，友人・家族といった身近な人への援助要請の検討が全体の半数以上を占めもっとも多かった。この結果より大学生が抑うつ症状を経験した際には，友人・家族といった身近な人がキーパーソンとなりうることを示している。したがって，家族や大学生自身を学生のサポーターとして積極的に位置づけていくことが必要であろう。また抑うつ症状を経験した際に，問題として認識しない，あるいは何も検討しなかった学生が約15％を占め，研究7の場面想定法での7％という結果と比べて高かった。この結果は，実際に抑うつ症状を抱えた際には，自分自身の抑うつ症状自体に気づきづらい，あるいは症状の深刻さや対処の必要性について楽観的に見積もる（楽観的認知バイアス）可能性を示唆するものである。したがって，このような現象が生じる可能性があることを健康教育の一つとして大学生に伝えることで，実際に抑うつ症状を抱えた際に，自分自身の症状に気づきやすく，対処行動にもつながりやすくなると考えられる。学生相談機関への援助要請については，学生相談機関の利用を検討した学生のうちの約36％は利用を検討しながらも実際に学生相談機関を利用していなかった。この結果は，利用の意図を高めるだけ

では必ずしも実際の学生相談機関の利用につながるわけではないことを示すものである。したがって，利用意図を高めるとともに，実際の行動につなげる工夫も求められている。また学生相談機関を実際に利用するかどうかは，問題の深刻度の評価や心理的援助に対する態度とは関連が認められず，他の変数の関連が示唆された。無気力や決断困難といった抑うつ症状のために，手続きの煩雑さや学生相談機関までの移動といった物理的な要因がハードルとなる可能性もある。したがって，利用手続きの簡素化などの物理的な利用しやすさの工夫も必要であろう。

研究9（第12章）では，研究8・9で検証した援助要請行動のプロセスモデルにもとづく介入プログラムを開発し，その効果を検証した。その結果，援助要請行動のプロセスに焦点をあてた心理教育的介入プログラムは一部のステージの学生のみに対して，プロセスのステージの促進の効果が認められた。この結果より，援助要請行動のプロセスのどのステージにいるかによって，介入方法やその介入のターゲットを変える必要があることが示唆される。また他者への援助要請を検討する以前のステージの学生には効果は認められなかった。このステージの学生に対しては，自分が抱える問題への気づき，その問題に対する対処の必要性の判断，自力対処が可能かどうかの判断に役立つプログラム構成が必要と考えられる。

2．本研究の学生相談実践における意義

本研究の学生相談実践における意義として，以下の3点が挙げられる。

1）大学生の視点からの学生相談

本研究は学生相談実践に援助要請の視点を導入した。援助要請の視点を導入することにより，援助を提供する学生相談機関の側ではなく，援助を求める大学生の立場から学生相談活動を捉えることを可能とする。さらには，大学生が学生相談機関に来談してからのプロセスだけでなく，学生相談機関に

来室するまでのプロセスにも焦点を当てることを可能とする。これにより，学生相談機関に来室した学生のみならず，悩みを抱えていながらも他者に援助を求められなかったり，学生相談機関を利用したいと思いながらも実際の行動に移せないなど，援助ニーズを抱えていながらも必要な援助が届いていない学生に着目することができる。本研究からも，友人・家族といったインフォーマルな援助者と比べて学生相談機関に対する援助要請が低いこと，学生相談機関の利用を検討していても，実際の利用につながっていない実態が明らかとなった。大学生にとっての学生相談機関への援助要請の難しさ，そして大学生の援助要請の特徴を明らかにしたことで，大学生の援助要請に配慮した学生相談活動を展開することの必要性を示した点に意義がある。

2）学生相談実践を支える研究知見の提供

わが国における各大学の学生相談活動は，それぞれが直面する課題に対して，さまざまな工夫・実践が行われてきている。たとえば学生相談機関のリーフレットの作成や新入生への学生相談室に関するガイダンスなどの広報活動は，学生の学生相談機関の認知度を高めるアプローチと言える。また，学生同士の支え合いであるピア・サポートは，学内の援助資源を積極的に活用し，そして学生同士という相談のしやすさという点を活用している。本研究で得られた知見は，これらの各大学で取り組まれている実践活動の意義や有効性を裏付けるものと言える。たとえば，学生相談機関の認知度が高いほど，学生相談機関に対する援助要請が高いことが本研究で明らかとなった（研究1・2）。学生相談機関の広報活動は，学生相談機関の利用を促進するための有効なアプローチであることを示している。さらに本研究知見からの広報活動への示唆として，利用することのメリットを感じられる内容を伝えることの重要性を提案することができる。ピア・サポートについていえば，本研究において，学生相談機関よりも友人・家族といったインフォーマルな援助者のを援助要請の相手として好む傾向が明らかとなり，大学生にとって

ピア・サポートが利用しやすい援助資源ということを実証した。さらに本研究から，周囲からの学生相談機関利用の勧めが援助要請を高めることから，ピア・サポート活動のサポーターへのトレーニングとしては，学生相談機関の利用を勧める視点を伝えることの必要性を提案できる。

このように，本研究は，学生相談実践を支える実証的な知見を提供したことに大きな意義がある。

3）援助要請の視点からの学生相談活動の改善

本研究を通して，大学生の学生相談に対する援助要請に関連する要因が明らかとなった。これらの要因の中には，学生相談機関に関連するものも含まれる。たとえば学生相談機関の認知度，学生相談利用のメリットは，学生側の認知や評価ではあるが，もし学生相談機関の認知度が低かったり，学生が学生相談機関を利用することのメリットを低く評価している場合には，学生相談機関の取組が十分に機能していない可能性も考えられる。また学生が学生相談利用について周囲からの期待を低く感じている場合には，学生・保護者・大学の教職員自身が学生相談機関の利用に対して否定的な態度を有している可能性が考えられる。つまり，援助要請の視点から学生相談活動を捉えることにより，学生相談活動の課題や改善点を見出すことが可能となる。援助要請の視点を学生相談活動の改善につなげる学生相談実践の方法を示した点に，本研究の意義が認められる。

3．本研究の援助要請研究における意義

本研究の援助要請研究における意義として，以下の3点が挙げられる。

1）大学生の援助要請に関する基礎データの提供

木村（2007）は，2005年までのわが国の学生相談領域の援助要請研究をレヴューし，今後の課題として基礎的データの蓄積の必要性を指摘している。

大学生の学生相談に対する援助要請についての本研究の一連の知見により，わが国における大学生の援助要請に関する基礎データを提供した点に意義がある。本研究により，今後，大学生以外の発達段階にある人の援助要請や，学生相談機関とは異なる専門的な心理的援助者やインフォーマルな援助者に対する援助要請との比較研究も可能となる。それにより，大学生の学生相談に対する援助要請の特徴をより詳細に捉えることができるだろう。

2）援助要請者を取り巻く周囲の人々への着目

従来の援助要請研究においては，援助を求める側の援助要請者と援助を提供する側の援助者という援助関係にある二者に主に焦点があてられてきた。本研究では，大学生を取り巻く周囲の人々が，大学生の援助要請に及ぼす影響についても着目した。その結果，大学生を取り巻く周囲の重要な人物が学生相談機関を利用することをどのように捉えているかが，援助要請に影響を及ぼし，さらに周囲から利用を勧められることが援助要請に影響を及ぼすことが明らかとなった。つまり，援助要請を検討するにあたり，援助要請者を取り巻く周囲の人々，さらには，援助要請者が所属するコミュニティの要因にも視点を広げることの必要性を示した点に本研究の意義が認められる。

3）援助要請行動のプロセスモデルの実証的検討

本研究において，援助要請行動をプロセスとして捉えることの有効性が示された。従来の援助要請のプロセスに関する研究の多くは，理論的検討や質的な研究に限られていた。本研究では援助要請行動のプロセスの実態やプロセスの各段階での意思決定に影響する関連要因を定量的に明らかにした。さらに，本研究で検討されたプロセスモデルに基づく介入プログラムの開発により，これまでの援助要請研究の課題として挙げられる理論に基づく介入研究を行った。援助要請行動のプロセスに関する研究を介入研究へと展開させた点にも本研究の意義が認められる。

第14章　悩みを抱えていながら相談に来ない
　　　　　学生の理解と支援

　学生相談機関の今度の必要性の高い課題のひとつに「悩みを抱えていながら相談に来ない学生への対応」が挙げられる（独立行政法人日本学生支援機構，2017）。そこで本章では，本研究で得られた研究知見および援助要請研究の知見をもとに，この課題解決に向けた議論を展開する。本書の目的4「悩みを抱えていながら相談に来ない学生の理解と支援に向けた学生支援モデルを提案する」ことがねらいである。

1．悩みを抱えていながら相談に来ない学生の理解と支援に向けた批判的検討

　学生支援体制の充実・整備を進めても，また専門的な心理的援助が学生に役立つことが明らかであっても，援助や支援を必要とする学生に対して，その援助が届かないのでは意味がない。必要な援助を受けることで効果が得られるにもかかわらず，学生がその援助を受けられていない，あるいは大学側が提供できていないのであれば，それは大学が十分な教育を提供できていない，つまり，教育の質を保証できていないということにもつながる。これは学生相談のみの課題ではなく，大学全体の課題として捉えることができる。したがって，援助を必要としながら，その援助を求めない，あるいは求めたいけど求めることができない学生の心理や行動を理解し，学生相談および高等教育機関全体がどのように対応・支援していくかを明らかにすることが求められている。

　では，そもそも学生は，なぜ悩みを抱えても専門的な心理的援助を利用しないのであろうか。本章では，悩みを抱えながら相談に来ない学生をどのよ

うに理解し，そしてどのような対応が可能なのか，援助要請行動の観点を軸に展望する。そして，援助要請研究の知見を，悩みを抱えていながら相談に来ない学生の理解と支援という実践活動につなげるため，援助要請行動のプロセスモデルと計画的行動理論（TPB, Ajzen, 1991），および学校心理学の枠組みを援用した学生支援モデルを提示する。次に，そのモデルをもとに，悩みを抱えていながら相談に来ない学生の理解と支援の具体的な方法を提案する。

1）大学生は悩みを抱えても相談しないのか

わが国における援助要請研究は，水野・石隈（1999）のレビュー論文を端緒に知見が蓄積されてきた（永井，2017）。学生相談領域においては，高野・宇留田（2002）が展望論文「援助要請行動から見たサービスとしての学生相談」において今後の課題と展望を示したことで，大学生の学生相談機関に対する援助要請に関する研究が蓄積されてきた（木村，2014）。しかしながら，前述のとおり，多くの大学において，悩みを抱えながら相談に来ない学生への対応が必要性の高い課題として捉えられている。では，実際に大学生は悩みを抱えていながらも相談しないのであろうか。

「悩みを抱えながら相談に来ない学生への対応」が学生相談機関の課題として認識されているが，実際に悩みを抱えた学生は相談しないのであろうか。120の私立大学，6,791人の大学生の回答を分析した私立大学学生生活白書2015（一般社団法人日本私立大学連盟，2015）によれば，自分のことを何でも話せる友人がいないと答えた学生が15.9％にのぼる。不安・悩みの相談相手では，1位は友人（70.3％），ついで家族（45.0％）と続き，一方で，大学の教職員が5.0％，学生相談室は2.2％と低い。大学生にとって，インフォーマルな援助者が身近な相談相手であり，大学生はフォーマルな援助者よりもインフォーマルな援助者を相談相手として好む傾向がある。研究1（第4章）においても，同様の傾向が確認された。さらに同白書によれば，「誰とも相談

しない」と回答した学生は12.6%で，およそ8人に1人は不安や悩みを抱えても誰にも相談しないということである。メンタルヘルスの問題を抱える大学生の，メンタルヘルスサービスの利用率の低さは多くの調査から報告されている（Eisenberg et al., 2012; Eisenberg et al., 2007）。このことからも，悩みを抱えていながら相談に来ない学生が潜在していることがうかがえる。

では，悩みを抱えていながらも，なぜ大学生は学生相談機関を利用しないのであろうか。この点については，援助要請に関連する要因や援助要請を抑制・促進する変数を抽出する研究がこれまで多くなされ，多様な変数が報告されてきた。これらの知見は，大学生の援助要請の特徴や援助要請と関連する変数を明らかにすることで，大学生が悩みを抱えながらも，なぜ専門的な心理的援助や学生相談機関を利用しないのかを説明するものである。

大学生を対象とした，専門的な心理的援助に対する援助要請に関連する要因についてのメタ分析では，専門的な心理的援助に対する援助要請意図に関連する変数として，専門的な心理的援助を求めることに対する肯定的な態度と予期される有用性が正の関連を，アジア的価値観の遵守，パブリック・スティグマ，予期されるリスクが負の関連を示した（Li et al., 2014）。つまり，態度が肯定的なほど，援助要請することによる有益性を高く捉えているほど，専門的な心理的援助に対する援助要請意図が高く，アジア的価値観の遵守が強いほど，パブリック・スティグマが強いほど，そして援助要請することのリスクを高く評価しているほど，援助要請意図が低いことを意味する。また専門的な心理的援助要請に対する態度に関連する変数を検討したメタ分析では，予期される利益，自己開示は援助要請態度と正の関連が，予期されるリスク，セルフ・スティグマ，パブリック・スティグマ，自己隠蔽，抑うつは援助要請態度と負の関連が示されている（Nam et al., 2013）。

わが国の学生相談領域における援助要請研究に目を向けると，木村（2014）は援助要請に関連する変数として，個人の問題の深刻さ・症状・認識，心理学的変数，デモグラフィック変数，ネットワーク変数，学生相談機

関に関連する変数，その他の変数と6つに分類している。しかし，必ずしもすべての変数について一貫した知見が得られているわけではないことを指摘している。この知見の不一致の背景には，それぞれの研究によって援助要請の定義や測定方法が異なっていることが，その要因の1つとして考えられる。Rickwood & Thomas (2012) は，メンタルヘルスの問題における援助要請の測定方法を整理し，プロセス，時間的枠組み，援助資源，援助のタイプ，問題に分類している。その上で，測定方法の課題として，各研究で援助要請が明確に定義されていないこと，測定方法が研究間で一貫していないことを指摘している。この指摘は，わが国の援助要請研究にもあてはまることであり，それぞれの研究で援助要請をどのように定義し，どのように測定したのかを明らかにする必要があるであろう（水野・石隈，1999）。

さらに，これらの知見の不一致を説明する視点の一つとして，援助要請行動を，問題が生じてから実際に行動するまでのプロセスとして捉える視点がある（第4部）。そこで，悩みを抱えていながら相談に来ない学生の理解と支援に向けて，援助要請行動をプロセスの視点から検討する。

2) 援助要請行動のプロセスの視点から

「悩みを抱えていながら相談に来ない学生」という捉え方は，学生相談機関などの，学生を援助・支援する側の視点である。悩みを抱え，相談したいと思いながらも相談に来ないのか，そもそも相談しようと考えていないのか，あるいは周囲から見れば悩みを抱えているように見えるが，本人は悩んでいないなど，「悩みを抱えていながら相談に来ない学生」には多様なパターンが考えられる。したがって，学生の視点から援助要請行動を捉えることによって，「悩みを抱えていながら相談に来ない学生」の詳細な理解につながる。

学生の立場から見た援助要請行動を理解するには，援助要請行動をプロセスとして捉えることが有益である。つまり他者に援助を求める行動を，悩み

や問題が生起してから実際に他者に援助を求めるまでの一連のプロセスとして捉える視点である（Gross & McMullen, 1983）。この視点は，援助を求めるか，求めないかという行動面を二分的に捉える理解ではなく，援助要請行動を，問題が生じてから実際に援助を求めるまでのプロセスとして捉えることを意味する。援助要請行動をプロセスとして捉えることで，援助を求める，求めないという行動の背景には，そこに至るまでの多様なステージが存在し，各ステージにおいて意思決定がなされていることに視点を向けることにつながる。また，悩みを抱えているからといって，必ずしも相談するわけではなく，相談をしないという意思決定，あるいは相談したいができないという状況など，多様な援助要請行動のプロセスが存在することが明らかとなる。さらには，援助要請の態度，意図，行動をそれぞれ区別して捉えることにもつながる。

援助要請の促進・抑制要因を検討するにあたっては，援助要請行動のプロセスの各ステージや意志決定過程において，その関連要因は異なる可能性が指摘されていることから（Gulliver et al., 2010），援助要請行動のプロセスの，どのステージの意思決定に着目するかを検討することが必要であろう。これにより悩みを抱えていながら相談に来ない学生を，プロセスの各ステージに位置づけて捉え，アプローチすることが可能となる。各ステージにおける意思決定では，その抑制・促進要因が異なることが指摘されていることから，各学生の援助要請行動のプロセスにおけるステージ，および影響要因をアセスメントし，その上で，対応を検討することが必要となる。

研究7（第10章）では大学生の学生相談機関への援助要請行動のプロセスについて，場面想定法を用いて検討した。抑うつおよび自殺念慮のシナリオを示し，もしそのような状況になった場合どのように考え，行動するかを尋ねた結果，学生によって援助要請行動のプロセスにおけるステージが異なっていた。問題の認識がない，および対処の必要がないというステージにとどまる学生は，抑うつの問題では全体の7.3％，自殺念慮の問題では9.7％で

あった。この結果は，専門的な援助や支援が必要と考えられる問題であっても，本人は悩んでいない，あるいは対処の必要性を感じていない場合もあること，そしてそのために，他者に相談するという行動が生じていないことを示している。また，他者には相談せずに，自力のみで対処しようとするステージにとどまる学生も２割弱存在した。さらには，友人や家族，あるいは学生相談機関に援助を求めようと思いながらも，実際には援助を求めないと答えた学生も少なからず存在した。このステージの学生は，まさに先述した学生相談機関が対応の課題として捉える「悩みを抱えていながらも相談に来ない学生」と考えられる。実際に抑うつ状態を経験した際の援助要請行動について尋ねた研究でも，学生相談機関の利用を検討した学生のうち，約36％の学生は実際に学生相談機関を利用していなかった（研究８：第11章）。高野ら（2014b）は学生相談機関に自主来室した学生を対象に半構造化面接を行い，困難な状況への気づきから，実際の来談に至るまでのプロセスを明らかにしている。そのプロセスにおいても，「利用時の対応の不安」や「実際的な面でのハードルが高い」といった「行きにくい感じ」が利用を思いとどまらせたり，そもそも「援助資源として思いつかない」といった点が，実際の来談行動を抑制することを明らかにしている。以上のことから，「悩みを抱えていながら相談に来ない学生への対応」を検討するにあたっては，その学生が援助要請行動のプロセスのどのステージにいるかをアセスメントすることが必要となる。

　さて，悩みを抱えていながら相談に来ない学生の理解と支援に向けては，援助要請行動をプロセスの視点から捉えることの有用性が明らかとなった。つまり，援助要請行動のプロセスの視点は，他者に援助要請行動をする段階のみでなく，悩みを抱えてから他者への援助要請行動を意思決定するまでのプロセスにも援助要請行動を広げて捉えること，そして悩みを抱えていながら相談に来ない学生の中でも，援助要請行動のプロセスにおけるステージは多様であることを示すことに成功した。しかしながら，援助要請行動をプロ

セスとして捉える視点は，学生相談機関の利用意図を持ちながらも実際の利用行動につながらない学生の理解については，十分な知見を提供できていない。研究7（第10章）・研究8（第11章）の援助要請行動のプロセスに関する研究は，学生相談機関の利用を検討しながらも，実際には行動につながらない実態を明らかにしたが，それはなぜなのか，あるいはどのような要因が関連しているのかについては，必ずしも十分に明らかとなったとはいえない。この意図と行動の関連を説明するモデルとして，計画的行動理論（TPB）が挙げられる。

3）計画的行動理論（TPB）の視点から

　援助要請の意思決定および実際の行動を理解するにあたり，計画的行動理論（TPB; Ajzen, 1991）の観点が有用である。TPBでは，ある行動の意図は，その行動に対する態度，その行動に対して周囲がどう捉えているかという主観的規範，そしてその行動を実行できるかという行動統制感によって規定され，行動はその行動意図および行動統制感の影響を受ける。TPBでは，健康関連行動を説明する多くの研究知見が蓄積され，行動の意図と実際の行動を予測するのに効果的であることが報告されている（Armitage & Conner, 2001）。

　学生相談に対する援助要請行動をTPBにあてはまると，以下のとおりである。態度は学生相談への援助要請行動に対する肯定的・否定的な態度となる。これまでにも専門家に対する援助要請態度が多く検討されており，前述のとおり，メタ分析からは態度が肯定的なほど，援助要請意図および行動が高いことが報告されている（Li et al., 2014）。わが国においても，学生相談利用に対するメリットを高く評価しているほど，学生相談に対する利用の意識が高いことが明らかとなっている（研究3：第6章）。

　主観的規範は，学生相談への援助要請行動に対して，周りの人がその行動をどのように考えていると本人が知覚しているか，そしてその考えに本人が

従うかどうかである。研究3（第6章）では，学生相談機関の利用について，周囲の重要な人物からの利用期待を強く感じているほど，援助要請意図が高いことを明らかとなった。TPBの枠組みから大学生の心理的な援助要請意図を説明する変数を検討したHess and Tracey（2013）は，意図を説明する変数として，主観的規範がもっとも説明力が大きかったと報告している。この主観的規範には，大学のキャンパス風土や文化，学生支援の方針も大きく影響していることが予想される。Chen et al.（2016）は，TPBを用いて，キャンパス風土の知覚と援助要請意図との関連を検討している。その結果，知覚されたキャンパス成員の専門的な心理的援助要請に対する態度が，個人の心理的援助要請に対する態度を媒介して，援助要請意図に影響を与えることを示した。この結果は，個人の援助要請意図および援助要請態度には，大学コミュニティ全体の援助要請態度が影響を及ぼすことを示唆するものである。したがって，個人の援助要請態度に対するアプローチにおいては，大学コミュニティ全体へのアプローチが重要であるといえる。

　これはスティグマにもあてはまる。メンタルヘルスや援助要請についての知覚されたパブリック・スティグマが内在化されて，それがセルフ・スティグマとして援助要請態度や意図に影響を及ぼす（Ina & Morita, 2015; Lannin, 2015）。同様に，大学の教職員や周囲の学生といったキャンパス成員の学生相談利用に対する信念や態度を，学生が知覚することで，本人の中に学生相談利用の信念や態度も内在化される。したがって個人の知覚された信念のアセスメントに加えて，大学全体のメンタルヘルスや援助要請に対する風土についてもアセスメントが必要である。

　また行動統制感に着目した場合，意図と行動の不一致を説明する変数として，学生相談機関のシステム自体のバリアが予想される。行動統制感は，態度と主観的規範と同様に援助要請意図を説明する変数であるが，同時に行動にも影響を及ぼす変数とされている。つまり，援助要請意図が高かったとしても，その行動を実行できるかどうかという行動統制感が低い場合には，行

動につながらない。たとえば，学業が忙しく，学生相談機関が開室している時間には，物理的に時間を作れない場合や，利用にあたっての手続きが煩雑であるなどの，学生相談機関のシステムに関連する要因が行動統制感に影響することが考えられる。

　Marsh and Wilcoxon（2015）は，大学のメンタルヘルスサービスのシステムに関連するバリアが，大学生のメンタルヘルスサービスの利用に及ぼす影響を検討した結果，リソースの認知や費用面のコストが利用行動の有無を説明する変数として有意であったと報告している。したがって，学生相談機関は援助要請意図を高めると同時に，学生の援助要請意図が高まった時に，実際の行動を促進するような，利用しやすさの工夫が求められる。多くの学生相談機関では，学生相談機関で利用できるサービスや学生相談機関の場所などの情報を，ガイダンスやウェブサイト等を通して伝えている。自分が抱える問題が学生相談機関の利用に適切なのかどうか，その判断ができる情報を伝えることが必要であろう。

　しかしながら，援助要請意図および行動統制感によって，援助要請行動をすべて説明できるわけではない。学生相談を利用する行動が，すべて計画的な意図，あるいはコストやリスクを慎重に判断した結果によるものとは限らない。置かれた状況や社会的な影響が，行動への意欲を高めて行動につながることも少なくない。たとえば，心理的な問題を抱える学生が，本人は学生相談機関の利用意図を持っていなくても，学内の友人や教職員から利用を勧められたり，授業が休講となり時間が空いている時に，たまたま学生相談機関の前を通りかかったら，ストレスマネジメントのワークショップのチラシが掲示されているのが目に留まり，学生相談室を利用するといったこともあり得る。Hammer and Vogel（2013）は，大学生を対象に学内カウンセリングサービスの利用に影響する要因を検討した結果，計画的な利用意図（intention）よりも，その行動をとる自然な機会が与えられたときに，その行動に対してオープンであることを示す意欲（willingness）が援助要請行動を予測

していたことを報告している。したがって，援助要請意図を高めて行動に結びつけるという合理的な反応をターゲットにするアプローチとともに，援助要請意図が低く，悩みを抱えていながら学生相談機関を利用する計画的な意図が低い学生に対しては，行動につながる意欲を引き出すような，周囲からの働き掛けや本人のタイミングに合わせた情報提供などの工夫やきっかけづくりといった，社会的な反応をターゲットとしたアプローチも有効であるかもしれない（Hammer & Vogel, 2013）。

　以上のように援助要請行動をプロセスとしてとらえる視点およびTPBには，それぞれの利点がありながらも，悩みを抱えていながら相談に来ない学生の理解と支援を検討する上では課題があることが明らかとなった。プロセスの観点から援助要請行動を理解することで，悩みを抱えていながら相談に来ない学生が，援助要請行動のプロセスのどのステージにとどまっているかをアセスメントすることが可能となり，それぞれのステージに合わせたアプローチの提案が可能になる。しかしながら，学生相談機関への援助要請意図と実際の利用行動を説明する部分の理論が不十分といわざるを得ない。一方，TPBでは行動を説明する変数としてその行動意図に加え，行動統制感を用いるため，悩みを抱えながら相談に来ない学生の行動意図や行動統制感を高めることで，行動につなげるという観点からの示唆を提供する。したがって，悩みを抱えていながら相談に来ない学生の理解と支援に向けては，援助要請行動のプロセスモデルとTPBを統合したモデルが有益であると考えられる。そこで次に，理論面として，援助要請行動のプロセスとTPBを，さらに学生相談・支援活動の実践面としては，学校心理学の視点および学生支援の3階層モデル（独立行政法人日本学生支援機構，2007）を援用し，悩みを抱えていながら相談に来ない学生の理解と支援に向けた，援助要請の視座による学生支援モデルを提案する。

2．悩みを抱えていながら相談に来ない学生の理解と支援に向けた学生支援モデルの提案

　悩みを抱えていながら相談に来ない学生の理解と支援に向けた学生支援モデルが Figure 14-1 である。このモデルに基づく理解と支援は，1）援助要請行動のプロセスのアセスメントによる理解（以下，「プロセスのアセスメントによる理解」），2）援助要請行動のプロセスに関連する要因のアセスメントによる理解（以下，「関連要因のアセスメントによる理解」），3）プロセスとその関連要因のアセスメントに基づく学生支援（以下，「アセスメントに基づく学生支援」），から構成される。

1）プロセスのアセスメントによる理解

　まずは悩みを抱えていながら相談に来ない学生を，援助要請行動のプロセスの観点からアセスメントする。このアセスメントでは，個々の学生を3つの視点からとらえる。
　1つ目は，学生の援助要請行動を問題の生起から実際の援助要請行動に至るまでの，時間軸に沿ったプロセスの変化として捉える視点である。つまり，その学生が援助要請行動のプロセスのどのステージにいるか，1つの状態として捉える視点である。これにより援助や支援が必要な学生に対して，本人の援助要請行動のプロセスにおけるステージに合わせたアプローチを検討することが可能となる。つまり，問題が生起しているものの，本人はその問題を認識していないのか，認識しながらも対処を先送りしているのか，自分自身の力で解決したいと考えているのか，身近な人には相談したが，学生相談機関は利用したくないと考えているのか，学生相談機関を利用したいと思いながらも実際に利用できないでいるのか，という視点から学生を理解することになる。本田（2015）は，人が悩みを抱えてから相談するまでの心理の流れを，援助要請経路として捉え，ある時点での心理状態としてどの段階

第14章 悩みを抱えていながら相談に来ない学生の理解と支援 185

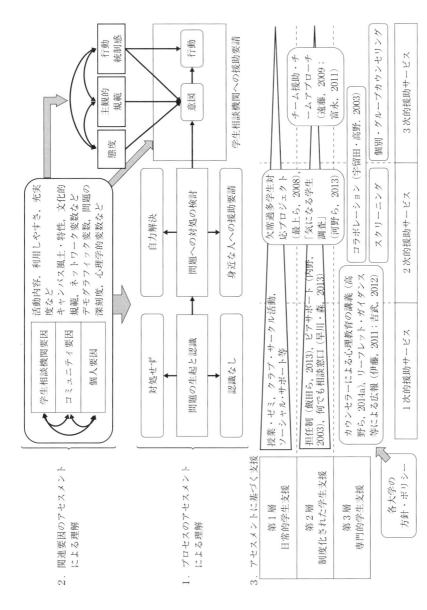

Figure 14-1 悩みを抱えながら相談に来ない学生の理解と支援に向けた援助要請に基づく学生支援モデル

にいるかでタイプ分けをし，それぞれのタイプに合わせたアプローチを提案している。

2つ目は援助要請行動のプロセスを，本人の特性・スタイルとして捉える視点である。永井（2013）は大学生を対象に援助要請のスタイルを測定する尺度を開発し，援助要請自立型，援助要請過剰型，援助要請回避型の3つの援助要請スタイルを見出している。このように援助要請行動のプロセスのスタイルを一つの特性として捉えた場合，そのスタイル自体が本人の心理的な問題・課題となることも考えられる。たとえば，どんな場合でも過剰に援助を求めすぎることで人間関係のトラブルを抱えたり，反対に援助の必要性を感じながらも，援助要請することで相手にどのように思われるのかを気にして，あるいは相手に迷惑をかけたくないと考えて，必要と感じる援助を求められない場合などである。学生相談での専門的な個別カウンセリングの場においても扱われるこれらの問題や悩みは，援助要請行動のプロセスのスタイルという視点からもとらえることができる。また，アタッチメントと援助要請との関連からは，回避型のアタッチメントは心理的な援助要請意図と負の関連が，不安型のアタッチメントは正の関連が指摘されていることからも（Vogel & Wei, 2005），個別カウンセリングにおいて援助要請行動のプロセスの背景にあるスタイルや，そこに関連する要因に着目する必要性が示唆される。

3つ目は，本人が抱える問題状況ごとに，援助要請行動のプロセスを捉える視点である。抱える問題は常に一つとは限らず，また複数の問題が相互に影響していることも自然なことである。したがって，抱える問題が同時平行的に生じれば，援助要請行動のプロセスも，複数の問題状況で異なるプロセスが展開されるだろう。学業の問題，進路の問題，心理的問題など，問題領域によって援助要請の傾向やその関連変数の影響が異なることが指摘されていることから（研究1：第4章），各問題領域における援助要請行動のプロセスの多様性を念頭に置くことで，当該学生の多面的な理解と支援につなが

る。悩みを抱えていながら学生相談機関を利用しない学生に対して，心理的な問題で学生相談機関を利用しなくても，学業面や進路面の問題で他の専門的な支援機関を利用していれば，そこを手掛かりにコンサルテーションのような形で間接的に学生相談機関からの援助・支援が可能となる。

2）関連要因のアセスメントによる理解

次に，援助要請行動のプロセスに関連する要因のアセスメントである。これは，悩みを抱えていながら相談に来ない学生の理解と支援を検討するために，さらには学生相談活動の改善のために必要となる。関連要因については3つの分類から捉えることが有用であろう。

1つ目は学生の個人に関連する要因である。性別や年齢などのデモグラフィック変数，問題の種類や症状の深刻さ，パーソナリティ変数や援助要請に関わる意識・態度，スティグマへの不安などの心理学的変数などが挙げられる。2つ目は，学生を取り巻く周囲の人たちに関するコミュニティ要因である。コミュニティ成員のメンタルヘルスおよび援助要請に対する意識や態度，キャンパス風土や特性，ネットワーク変数などが挙げられる。3つ目は大学や学生相談の組織・システムに関する学生相談機関の要因である。学生相談機関の利用手続きや立地条件等に関わる利用しやすさ，サービス内容の充実度などが挙げられる。伊藤（2014）は学生相談機関を類型化する試みから「活動条件未整備型」，「組織未整備型」，「活動指針不一致型」，「大学消極型」，「活動条件充実型」の5つに分類している。このような学生相談機関の特徴が，大学生の援助要請行動にも影響するだろう。以上のように，大学生の援助要請行動を理解するにあたり，これらの援助要請に関連する変数に着目してアセスメントすることになる。なお，その際には，その影響の有無や程度は，援助要請行動のプロセスの各ステージによって異なることに留意する必要があるだろう。

さらに，学生相談機関への援助要請行動の意図および行動を捉えるにあた

り，TPB の観点から，学生相談利用に対する態度，主観的規範，行動統制感，およびそれらに影響する変数のアセスメントが重要となる。

3）アセスメントに基づく学生支援

最後に援助要請行動のプロセスとその関連要因のアセスメントに基づく学生支援である。悩みを抱えていながら相談に来ない学生について，援助要請行動のプロセスの観点からは，多様なタイプが考えられる。したがって，個々の学生の援助要請行動の特徴を理解した上での支援が求められる。「悩みを抱えていながら相談に来ない学生への対応」を考える場合に，一つには，悩みを抱える学生が学生相談機関を利用するのをサポートするアプローチが考えられるだろう。つまり，学生相談機関への援助要請行動を促進させるために，プロセスを抑制・促進する要因に働きかけることとなる。

一方で，個々の学生の，援助要請行動のプロセスのステージやタイプに応じたアプローチも必要となる。その際の実践的なアプローチを考えるにあたり，学校心理学（石隈，1999）の視点が役立つ。武蔵ら（2012）は大学が現在提供している援助サービスを，学校心理学における3段階の心理教育的援助サービスで捉えることが可能であり，小中高のみならず，大学においても3段階の心理教育的援助サービスがすでに展開されていることを指摘している。学校心理学における心理教育的援助サービスの視点は，教育の一環として，すべての学生を対象に，学生の個別ニーズに応じて学生支援を提供するという点で，大学の学生相談・学生支援の理念と一致している。したがって，学校心理学の枠組みは大学の学生相談・学生支援においても有用であると考えられる。Sulkowski & Joyce（2012）は，大学における学校心理学的な観点からの，学生のニーズに合わせたアプローチを提案している。それは，キャンパス全体を対象とした1次予防的なアプローチ，リスクや困難を抱えやすい学生を対象とした2次予防的なアプローチ，特別な支援を必要とする学生や専門的な心理的援助を必要とする学生，危機的な困難を抱える学

生を対象とした，専門的な援助の提供や援助のコーディネーションなどの3次予防的なアプローチである。

また教育の一環として，多様なニーズを抱える学生を大学全体として支えて行くためには，学生支援の3階層モデル（独立行政法人日本学生支援機構，2007）が役立つであろう。学生支援の3階層モデルでは，大学全体での学生支援として，3つの階層による学生支援が連携・協働しながら，各大学の個性・特性を生かした体制作りを目指すものである。3階層モデルの第1層は日常的学生支援である。日常的な学生とのかかわりから自然な形で学生の成長支援を担う教員による指導や研究室運営，各部署の職員による窓口業務などが含まれる。第2層は制度化された学生支援である。クラス担任制やチューター制度，オフィス・アワー，なんでも相談窓口などの教職員による活動や，学生によるピア・サポートなどが含まれる。第3層は専門的学生支援である。学生相談機関，保健管理センター，キャリアセンター，学習支援センターなどの専門的な学生支援機関による支援である。

各大学は，それぞれの大学のポリシーや特性，ニーズに合わせた，さまざまな学生相談・学生支援の実践を行っている。その中には，悩みを抱えていながら相談に来ない学生への支援にもつながる実践も報告されている。Figure 14-1には，それぞれの実践活動を3階層モデルと学校心理学の心理教育的援助サービスの2軸に位置づけた。これまでの援助要請行動のプロセス，および，関連要因についてのアセスメントをもとに，学生支援の3階層モデルと3段階の心理教育的援助サービスの軸からどのような支援が可能かを探ることができる。以下に学生支援の3階層モデルの軸から具体的な支援活動について検討・提案する。

第1層：日常的学生支援 第1層の授業やゼミ，クラブやサークル活動を通した日常的な支援は，大学生がフォーマルな援助者よりもインフォーマルな援助者を相談相手として好む傾向を生かした支援と捉えることができる。このような日常的なかかわりをきっかけとして，周囲の学生や教員が悩

みを抱える学生に気づき，必要に応じて学生相談機関の利用を勧めることにつながるだろう。周囲から学生相談機関の利用を勧められると援助要請意図が高まることや（研究4：第7章），自分と友人が同じ悩みや問題を抱えていたとしても，自分自身が学生相談機関を利用する意図よりも友人に学生相談機関の利用を勧める意図の方が高いというパーソナル・サービス・ギャップ現象も報告されている（研究6：第9章）。大学生のこの傾向を生かし，大学生自身を，悩みを抱える友人を学生相談機関につなぐ役割として，大学キャンパスの支援者に積極的に位置づけることが可能であろう。しかし，大学生は身近な友人の抑うつ症状に対して，うつ病に関する知識不足のために楽観的見通しを持ったり，また心身の不調を心配しても，情緒的に巻き込まれることを恐れて，見過ごす可能性がある（河合，2016a）。さらには，友人の抑うつ症状に対して専門的治療・援助の必要性を認識して勧めようとしても，それに伴うリスクを過剰に意識したり，適切な治療・援助機関機を知らないことで，利用推奨の回避が生じる（河合，2016b）。したがって，メンタルヘルスに関する知識の提供や，学生相談機関についての広報活動が欠かせない。

第2層：制度化された学生支援　担任による援助サービス（飯田ら，2013），ピア・サポート活動（内野，2003），何でも相談窓口（早川・森，2011）などは，第2層の制度化された学生支援による，1次的援助サービスから3次的援助サービスにまたがる活動である。担任制度により，学生にとって学生生活に関わる相談相手が明確になったり，個々の学生に関する情報が担任に集約されることで，担任が学生の変化に早期に気づき，きめ細やかな対応や，担任を軸とした関連部署・機関との連携につながるだろう。ピア・サポート活動や何でも相談窓口などは，第3層の専門的学生支援よりも利用のハードルが低く，第2層での肯定的な被援助経験が，その後の学生相談機関の利用につながることも期待される。

第3層：専門的学生支援　第3層の専門的学生支援である学生相談機関

の活動としては，一つには学生相談室の周知や利用促進をねらいとしたリーフレットの作成やガイダンスの実施（伊藤，2011；吉武，2012），大学生が遭遇する問題やその対処などについての，カウンセラーによる予防的心理教育の講義（高野ら，2014a）などが挙げられる。これらの活動は，1次的援助サービスから2次的援助サービスにまたがる活動に位置づけられる。悩みを抱えていながら相談に来ない学生の中には，そもそも自分自身が抱える問題や症状に気づかない，あるいはその深刻さを見過ごしていたり，楽観的に捉えている可能性もある（梅垣・木村，2012）。自分自身のメンタルヘルスの問題や，身近な友人の問題を正しく捉えるためにも，全学生を対象としたガイダンスや講義を通した予防的な心理教育が有効であろう。また，援助要請に関連する変数として，学生相談機関の利用のメリット（研究3：第6章）や利用による有益性の予期（Li et al., 2014; Nam et al., 2013）が報告されていることから，ガイダンスや広報活動では，この点をメッセージとして伝えることで，援助要請行動を促進する可能性がある。また，自分が抱える問題が学生相談機関で相談できる内容であると認知しているほど，援助要請意図が高いことから（佐藤ら，2015），学生相談機関ではどのような相談内容で利用できるのかを情報として伝えることが有効であろう。

　2つには，UPI（University Personality Inventory）などを用いた，スクリーニングによる，支援を要する学生の早期発見・早期支援が挙げられる。結果のフィードバックやリスクの高い学生への呼出面接を通して，学生は学生相談機関を一度利用することになる。その経験を通して，もしその学生が再び悩みを抱えた際には，学生相談機関を相談対象として認識しやすくなり，より利用しやすくなることが考えられる。岡ら（2010）は，UPIによる呼出面接は，潜在的に高いニーズをもった学生が援助を求めてくる前の段階であるため，そのニーズが顕在化した時に再び行ってみようと感じられる支援を提供することの必要性を指摘している。1回のグループ・カウンセリングの体験前後で有意にセルフ・スティグマが低下すること（Wade et al., 2011），過

去に援助要請経験があった学生の方がない学生よりも，フォーマルな援助者に対する援助要請が肯定的なことから（Chang, 2008），その後の援助要請行動を促進させることをも意識して呼出面談を行うことが必要であろう。

さらに，学生相談機関と学習相談室などの他の専門支援部署とのコラボレーションによる活動（宇留田・高野, 2003）は，2次的援助サービスから3次的援助サービスにまたがる活動である。学生が抱える悩みや問題は，複数の問題領域にまたがることが多い。また心理的な問題が学業面に悪影響を及ぼすことからも（Eisenberg et al., 2009），学業面の専門的学生支援機関を利用する学生の中には，心理的な問題を抱えていたり心理的支援を必要とする学生が存在するだろう。学生相談に対する援助要請は，「心理・社会面」の問題よりも「修学・進路面」のほうが高いことからも（木村・水野, 2009），学生相談機関が学業面や進路面などの専門部署（学習支援センターやキャリアセンターなど）とのコラボレーションによるプログラムを提供することによって，学生の援助ニーズに応えながら，悩みを抱えていながらも相談に来ない学生の支援につながるだろう。

より組織的な取り組みとしては，欠席過多学生に担任が面談し，心配な学生や連絡が取れずにいる取得単位過少の学生に学生相談室がアプローチする「欠席過多学生対応プロジェクト」（最上ら, 2008），教員に気になる学生を紹介してもらい，保健管理センターのカウンセラーと教員が学生の支援方法を考え支援する「気になる学生調査」（河野ら, 2013）は，第1層から第3層にまたがる2次的援助サービスととらえることができる。悩みを抱えていながら相談に来ない学生に対して，学生相談機関の利用を待つだけでなく，リスクの高い学生や気になる学生に対する早期発見・早期アプローチによる，積極的な学生支援となる。

引きこもり・不登校学生への復学援助を目指した学校心理学の観点からのチーム援助（富永, 2011）や自傷・他害性のある困難事例へのチームアプローチ的支援（遠藤, 2009）は，第1層から第3層が連携した，3次的援助

サービスの取り組みと位置づけられる。深刻な問題や，問題が複数の領域にまたがる場合には，チーム援助に基づく学生支援はより効果を発揮するであろう。在籍学生数が年々増加している発達障害のある学生（独立行政法人日本学生支援機構，2017）に対してもこれはあてはまり，トータルな支援を行うためのチーム援助による実践も報告されている（松永ら，2006；プール学院大学，2011）。さらに学内の課題別に存在する多くの相談窓口や関係者および援助資源をつなぎ，チーム援助を有機的に進めていく上で重要な役割を担うコーディネーターの養成を目的とした，教職員対象のチーム援助コーディネーター養成研修の取り組みも報告されている（樽木ら，2014）。

　このように，悩みを抱えていながら相談に来ない学生の援助要請行動のプロセスおよび関連要因をアセスメントすることで，学生のニーズや大学コミュニティのニーズに合わせた学生相談・学生支援活動を展開することが可能となる。

　さらに「関連要因のアセスメントによる理解」で論じたように，アセスメントを通じた学生相談・学生支援活動の改善も，学生相談機関による重要な活動と位置づけられる。学生相談機関の利用意図がありながらも，実際に利用行動に結びつかない場合に，学生の行動統制感を低めるような学生相談機関側の要因が存在する場合も考えられる。たとえば，申し込み手続きの煩雑さ，開室曜日・時間の制約，立地条件などにより，学生相談の利用意図がありながらも行動統制感が低まり，行動が抑制される場合などである。これらのアセスメントにより，学生相談サービスの見直し・改善につなげていくことができる。また，援助要請意図に影響を及ぼす主観的規範に，大学キャンパス全体の援助要請に関する風土が影響している可能性も検討する必要があるだろう。学生を取り巻く大学コミュニティ成員が，学生相談機関の利用に対して否定的な態度やスティグマを知覚していることで，学生がそのキャンパス風土を感じ取り，主観的規範が低下して援助要請意図が低下することも考えられる。したがって，大学キャンパスのコミュニティ風土をアセスメン

トし，必要に応じて，コミュニティ成員全体に向けた援助要請態度を高めるためのアプローチも重要であろう。

第15章　本研究の課題と今後の展望

　最後に，学生相談領域の援助要請研究および実践における，今後の課題と展望について述べたい。

1．本研究の限界と課題

1）変数間の階層関連を考慮に入れた検討
　第2部では大学生の学生相談に対する援助要請に関連する要因を明らかにした。本研究では援助要請に関連する変数を並列的に取り上げその影響を検討したが，永井（2010）が指摘するように，単に援助要請と各要因との関連を個別に検討するだけでなく，要因間の階層関係にも考慮する必要がある。したがって，本研究で関連が明らかとなった要因について，その要因間の階層関係を考慮に入れた検討が望まれる。

2）援助要請行動のプロセスの多様性と既存理論との比較検討
　第4部の援助要請行動のプロセスに焦点を当てた研究では，援助要請のプロセスを問題の認識から実際の行動までの直線的なプロセスと仮定した。しかし，本人が問題と認識していなくても家族に連れられて専門的な援助を受けるケースなど，援助要請行動のプロセスは多様であると指摘されている（Saunders & Bowersox, 2007）。したがって，援助要請行動のプロセスモデルの拡張や精緻化が必要であろう。ただし，主体的に援助要請行動が生起する場合については，プロセスを行きつ戻りつはするが概ね「問題の認識」，「援助要請の意思決定」，「援助の要請」という順序で進行すると考えられること，本研究から得られた知見が先行研究とも概ね一致していることから，モデルにある程度の妥当性は確保されていると考えられる。

もう一つの課題は援助要請行動のプロセスとストレスの認知的評価・対処過程との相違について検討されていない点である。ストレス過程の研究知見をもとに，援助要請行動のプロセスとストレスの認知的評価・対処過程との比較検討を行うことで，援助要請行動のプロセスモデルのさらなる精緻化，さらには抑うつや自殺念慮の問題を抱える学生への介入方法の開発につながると考えられる。

2．今後の課題と展望

1）学生相談機関の支援体制の充実

援助ニーズに応え，様々な活動を展開するためには，増加する援助ニーズに対応できる学生相談機関の体制整備が必要となる（Eisenberg et al., 2007）。なぜなら悩みを抱えていながら相談に来ない学生が，学生相談機関の利用につながったとしても，相談員が足りずに対応できないのであれば意味がなく，倫理的にも問題があるからである。したがって，相談員の増員や学外機関との連携体制構築といった体制整備を各大学は検討する必要があるだろう。

2）学生相談活動のアウトカムおよびIRの活用

大学組織の学生相談への積極的な取り組みが，学生相談機関の発展に寄与する要因として指摘されている（伊藤，2014）。1）のさらなる学生相談体制の充実のためにも，また各大学による学生相談への積極的な取り組みを促進させるためにも，学生相談機関が大学組織にどのように貢献するかを積極的に説明することが求められるだろう。そのためには，今後，学生相談活動のアウトカムの測定・評価が求められる。その一つの方法としては，IR（Institutional Research）の活用が挙げられる。近年，わが国においてもIRの活用が広がり，教育改革の成果や大学評価への対応に加え，学生支援や大学の説明責任を果たす目的からも活用されている（小林編，2014）。たとえば，学生

相談機関の利用とGPAや退学率との関連など，学内で収集される多様なデータと学生相談活動で得られるデータを活用していくことで，学生相談活動のアウトカムを評価し，その結果をもとに，学生相談活動の意義を大学執行部に説明することができるだろう。しかしながら，学生相談活動に関わるデータをどこまで提供するかは，守秘義務や個人情報の取り扱いに配慮しつつ，各大学組織で慎重に検討する必要があるだろう。

　また，学生相談活動のアウトカムとして何を指標とするかも重要である。たとえば，退学率をアウトカムとした場合には，学生相談・学生支援活動が退学者予防の道具・手段となってしまうことが危惧される。学生相談活動は，必ずしも退学率の減少や在籍継続率の向上を目的としたものではない。あくまでも，退学率の減少や在籍継続率の向上は，学生相談活動の一つの結果として現れるものに過ぎない。Van Brunt（2008）はカウンセリングが在籍継続にポジティブな影響を与えるが，カウンセリングの効果指標は退学率や在籍継続率だけではないこと，そして，在籍継続率や退学率はあくまでもカウンセリングの結果の一つであり，それが目的となってはならないと指摘している。ある学生にとっては，学生相談でのカウンセリングを通して，積極的な理由で退学を選択することも当然ありうる。したがって，学生相談機関のアウトカムや評価として，何を指標とするかについては，各大学のポリシーや理念を踏まえ，慎重に取り扱う必要があるだろう。加えて，学生相談活動をどのように評価するかという評価方法自体の検討も必要であろう（川崎ら，2016）。

3）学生支援の多様性と学生相談の独自性

　学生相談に期待される活動の質・量は多様化し，増加している。このことは，前述のアウトカムの課題とも関連するが，学生相談活動のいったい何が効果があったのかが，あいまいになる可能性がある。多種多様な学生支援活動が展開され，関連部署との連携が増加する中においては，学生相談活動の

専門性としていったいどの活動が効果があったのかを示すためには，学生相談活動の専門性も明確にする必要があるだろう。Sharkin（2004）はカウンセリングセンターの活動と学生の在籍継続との関連について検討するにあたり，カウンセリング活動が心理的なもの，職業に関するもの，学業に関するものと多岐にわたるため，区別するのが困難となる一方で，活動の効果を捉える上では，それぞれの活動を区分することの必要性を指摘している。学生支援の多様性を踏まえた学生相談活動の評価方法の開発とともに，大学や学生を取り巻く時代の変化やニーズに合わせた，専門的な学生支援としての学生相談活動の展開が求められている。

4）大学キャンパス成員の援助要請行動

　独立行政法人日本学生支援機構（2007）のモデルにおいて，教職員と専門的カウンセラーの連携・協働が提案されており，日常的学生支援（第1層）として，教職員による学習指導や窓口業務といった日常的なかかわりも学生支援の重要な機能として位置づけられている。この第1層の学生支援は，第2層や第3層の支援と比べても，教職員は窓口業務や講義等を通してより多くの学生と最前線で関わることから，学生対応や学生支援における困りごとや不安も生じることが予想される。したがって，援助要請の視点は，大学生のみでなく大学コミュニティ成員の教職員，さらには保護者に対しても有益である。教職員の学生指導や学生対応における援助要請行動についても，今後明らかにする必要があるだろう。

5）障害のある学生の援助要請行動

　大学に在籍する障害のある学生は年々増加しており，支援を受ける学生の数も増加している（独立行政法人日本学生支援機構，2017b）が，一方で支援を受けていない学生について，支援を受けていない理由を明らかにしていくことが必要である（独立行政法人日本学生支援機構，2015）。2016年4月より障害

者差別解消法が施行され，大学において合理的配慮の提供が義務となった。障害のある学生の中には，支援を必要と感じながらも，その意思表明ができていない場合もあるだろう。合理的配慮の提供は学生の意志表明が前提とされているが，支援を求めたり，意思表明をする過程では様々な心理的葛藤が生じるため，意思表明への支援の重要性が指摘されている（吉川，2016）。障害のある学生が自身の支援ニーズに気づいてから，実際に支援や配慮を求める行動を一連のプロセスとして捉えることで，援助要請行動のプロセスに関する知見を援用した，意思表明への支援方法の検討が可能となるだろう。

　また障害のある学生のメンタルヘルスの問題での学生相談機関への援助要請についても，それぞれの障害ごとに，どのような要因が援助要請行動の抑制・促進に影響しているのかを明らかにする必要があるだろう。Codudi et al.（2016）は，大学のカウンセリングサービスを利用している群と利用していない群のそれぞれで，障害のある学生とない学生のメンタルヘルスを比較した。その結果，カウンセリング利用群と利用していない群のどちらにおいも，全般的な不安，学業面での悩み，自殺念慮等の問題は，障害のある学生の方がない学生よりもその程度が強かった。この結果より，障害のある学生の心理的援助に対するニーズがうかがえる。しかしながら，障害のない学生にとっては，学生相談の利用にあたり支障がないとしても，障害のある学生にとっては利用のバリアが生じる可能性がある。たとえば，障害のある学生が悩みを抱えて学生相談機関でカウンセリングを受けたいと考えても，もし学生相談機関側が障害に応じたコミュニケーション手段（たとえば，聴覚障害学生に対する手話による対応）やアクセス手段（たとえば，車いす利用学生に対する物理的なバリアフリー化）などを整備していなければ，本人の学生相談機関を利用できるという行動統制感は減弱し行動が抑制されることが予想される。したがって，障害のある学生に対する学生相談・学生支援の充実の観点からも，障害のある学生の援助要請研究が今後期待される。

6）大学レベルの要因および介入の検討

　個々の学生の援助要請行動のプロセス，およびその促進・抑制要因のみでなく，大学レベルの要因が学生の援助要請にどのような影響を及ぼすかを明らかにする必要があるだろう。アメリカの26のキャンパスを対象とした調査からは，設置主体（公立か私立か），学生数，学生数に対するメンタルヘルスサービス提供者の比率が，メンタルヘルスサービスの利用率と関連していることが明らかとなっている（Eisenberg et al., 2011）。わが国でも，大学の規模（学生数）によって来談率が異なることが報告されている（岩田ら，2016）。この背景には，大学入学前の時点での学生の特性の違いや学部・学科の違い，大学の理念やポリシー，キャンパス風土など多様な要因が考えられる。学生相談機関への援助要請に関連する要因について，個人レベルでの検討とともに，大学レベルでの検討も必要であろう。それにより，援助要請行動を促進するための介入を検討するにあたり，大学を超えて共通する要因にターゲットをあてた汎用性のある介入プログラムの開発や，個々の大学に特有の要因にターゲットをあてた介入プログラムの開発につながるであろう。

引 用 文 献

相川　充（1989）．援助行動　大坊郁夫・安藤清志・池田謙一（編）個人から他者へ　社会心理学パースペクティブ1（pp. 291-311）誠信書房

Ajzen, I. (1991). The Theory of Planned Behavior. *Organizational Behavior and Human Decision Processes, 50*, 179-211.

Ajzen, I. & Fishbein, M. (1980). *Understanding attitudes and predicting social behavior.* Englewood Cliffs, NJ: Prentice-Hall.

Armitage, C. J., & Conner, M. (2001). Efficacy of the Theory of Planned Behaviour: A meta-analytic review. *Journal of Social Psychology, 40*, 471-499.

Backels, K., & Wheeler, I. (2001). Faculty perception of mental health issues among college students. *Journal of College Student Development, 42*, 173-176.

Cash, T. F., Kehr, J., & Salzbach, R. F. (1978). Help-seeking attitudes and perceptions of counselor behavior. *Journal of Counseling Psychology, 25*, 264-269.

Cepeda-Benito, A., & Short, P. (1998). Self-concealment, avoidance of psychological services, and perceived likelihood of seeking professional help. *Journal of Counseling Psychology, 45*, 58-64.

Chang, H. (2008). Help-seeking for stressful events among Chinese college students in Taiwan: Role of gender, prior history of counseling, and help-seeking attitudes. *Journal of College Student development, 49*, 41-51.

Chen, J. I., Romero, G. D., & Karver, M. S. (2016). The relationship of perceived campus culture to mental health help-seeking intentions. *Journal of Counseling Psychology, 63*, 677-684.

Choi, K. H., Buskey, W., & Johnson, B. (2010). Evaluation of counseling outcomes at a university counseling center: The impact of clinically significant change on problem resolution and academic functioning. *Journal of Counseling Psychology, 57*, 297-303.

Coduti, W. A., Hayes, J. A., Locke, B. D., & Youn, S. J. (2016). Mental health and professional help-seeking among college students with disabilities. *Rehabilitation Psychology, 61*, 288-296.

Cusack, J., Deane, F. P., Wilson, C. J., & Ciarrochi, J. (2004). Who influence men to go to therapy? Reports from men attending psychological services. *International Journal for the Advancement of Counseling, 26*, 271-283.

Deane, F. P., & Chamberlain, K. (1994). Treatment fearfulness and distress as predictors of professional psychological help-seeking. *British Journal of Guidance and Counseling, 22*, 207-217.

独立行政法人大学改革支援・学位授与機構（2011）．大学機関別認証評価　大学評価基準 Retrieved from http://www.niad.ac.jp/n_hyouka/daigaku/__icsFilic/afieldfile/2016/05/24/no6_1_1_daigaku2kijun22.pdf（2016年12月15日）

独立行政法人日本学生支援機構（2007）．大学における学生相談体制の充実方策について—「総合的な学生支援」と「専門的な学生相談」の「連携・協働」

独立行政法人日本学生支援機構（2015）．大学，短期大学および高等専門学校における障害のある学生の修学支援に関する実態調査分析報告（対象年度：平成17年度（2005年度）から平成25年度（2013年度））独立行政法人日本学生支援機構 Retrieved from http://www.jasso.go.jp/gakusei/tokubetsu_shien/chosa_kenkyu/chosa/__icsFiles/afieldfile/2015/11/02/bunseki2005_2013.pdf（2016年12月15日）

独立行政法人日本学生支援機構（2017a）．大学等における学生支援の取組状況に関する調査（平成27年度）集計報告（単純集計）独立行政法人日本学生支援機構 Retrieved from http://www.jasso.go.jp/about/statistics/torikumi_chosa/__icsFiles/afieldfile/2017/02/14/h27torikumi_chosa.pdf（2017年9月15日）

独立行政法人日本学生支援機構（2017b）．平成28年度（2016年度）大学，短期大学及び高等専門学校における障害のある学生の修学支援に関する実態調査結果報告書

Eisenberg, D., Downs, M. F., Golberstein, E., & Zivin, K. (2009). Stigma and help seeking for mental health among college students. *Medical Care Research and Review, 66*, 522-541.

Eisenberg, D., Golberstein, E., & Gollust, S. E. (2007). Help-seeking and access to mental health care in a university student population. *Medical Care, 45*, 594-601.

Eisenberg, D., Golberstein, E., & Hunt, J. B. (2009). Mental Health and Academic Success in College. The B. E. *Journal of Economic Analysis & Policy, 9* (1), article 40.

Eisenberg, D., Hunt J., & Speer, N. (2012). Help seeking for mental health on college campuses: Review of evidence and next steps for research and practice.

Harvard Review of Psychiatry, 20, 222-232.
Eisenberg, D., Hunt, J., Speer, N., & Zivin, K.（2011）. Mental health service utilization among college students in the United States. *The Journal of Nervous and Mental Disease, 199*, 301-308.
遠藤美行（2009）．大学におけるチームアプローチ的支援―自傷・他害性のある困難事例への対応　臨床発達心理実践研究，*4*，51-58．
Farrer, L., Leach, L., Griffiths, K. M., Christensen, H., & Jorm, A. F.（2008）. Age differences in mental health literacy. *BMC Public Health, 8*: 125.
Fischer, E. H., & Farina, A.（1995）. Attitudes toward seeking professional psychological help: A shortened form and considerations for research. *Journal of College Student Development, 36*, 368-373
Fischer, E. H., & Turner, J. L.（1970）. Orientation to seeking professional help: development and reserch utility. *Journal of Consulting and Clinical Psychology, 35*, 79-90.
Fischer, E. H., Winer, D., & Abramowitz, S. I.（1983）. Seeking professional help for psychological problem. In Nadler, A., Fisher, J. D., & DePaulo, B. M.（Eds.）, *New Directions in Helping. Volume 3 Applied perspectives on help-seeking and -receiving.*（pp. 163-185）New York: Academic Press.
Fisher, L. J., & Goldney, R. D.（2003）. Differences in community mental health literacy in older and younger Australians. *International Journal of Geriatric Psychiatry, 18*, 33-40.
藤原勝紀（1998）．学生相談の大学における位置と役割―これからの学生相談像を求めて　河合隼雄・藤原勝紀（編）学生相談と心理臨床（pp. 11-21．）金子書房
福田一彦・小林重雄（1973）．自己評定式抑うつ性尺度の研究　精神神経学雑誌，*75*，673-679．
福岡欣治（2000）．大学生における家族および友人の知覚されたソーシャル・サポートと無気力傾向―達成動機を媒介要因とした検討―　静岡県立大学短期大学部研究紀要，*14*(3)，1-10．
福岡欣治・橋本　宰（1997）．大学生と成人における家族と友人の知覚されたソーシャル・サポートとそのストレス緩和効果　心理学研究，*68*，403-409．
古川壽亮・大野　裕・宇田英典・中根允文（2002）．一般人口中の精神疾患の簡便なスクリーニングに関する研究．平成14年度厚生労働科学研究費補助金（厚生労働科学特別研究事業）心の健康問題と対策基盤の実態に関する研究　研究協力報告

書.

Gallagher, R. P.（2014）. National Survey of College Counseling Centers 2014. American College Counseling Association. Retreived from http://www.collegecounseling.org/wp-content/uploads/NCCCS2014_v2.pdf（2015年10月31日）

Good, G. E., Dell, D. M., & Mintz, L. B.（1989）. Male role and gender role conflict: Relations to help seeking in men. *Journal of Counseling Psychology, 36*, 306-313.

Griffiths, K. M., Crisp, D. A., Barney, L., & Reid, R.（2011）. Seeking help for depression from family and friends: A qualitative analysis of perceived advantages and disadvantages. *BMC Psychiatry, 11*: 196.

Gross, A. E., & McMullen, P. A.（1983）. Models of the help-seeking process. In B. M. DePaulo, A., Nadler, & J. D. Fisher（Eds.）, *New Diretions in helping*. Vol. 2. *Help-seeking*（pp. 45-70）. New York: Academic Press.

Gulliver, A., Griffith, K. M., & Christensen, H.（2010）. Perceived barriers and facilitators to mental health help-seeking in young people: A systematic review. *BMC Psychiatry, 10*: 113.

Gulliver, A., Griffiths, K. M., Christensen, H., & Brewer, J. L.（2012）. A systematic review of helpseeking interventions for depression, anxiety and general psychological distress. *BMC Psychiatry, 12*: 81.

Hammer, J. H., & Vogel, D. L.（2013）. Assessing the utility of the willingness/prototype model in predicting help-seeking decisions. *Journal of Counseling Psychology, 60*, 83-97.

橋場　論（2014）. 大学等における学生支援に関する組織の現状―学校種・設置者等の機関属性に着目して　独立行政法人日本学生支援機構（編）. 学生支援の最新動向と今後の展望―大学等における学生支援の取組状況に関する調査（平成25年度）より　pp. 7-16. Retrieved from http://www.jasso.go.jp/about/statistics/torikumi_chosa/__icsFiles/afieldfile/2015/12/08/h25torikuto_houkoku.pdf（2016年12月15日）

Hasin, D., & Link, B.（1988）. Age and recognition of depression: Implications for a cohort effect in major depression. *Psychological Medicine, 18*, 683-688.

早川千恵子・佐藤成子・林ちさ子（1994）. 調査報告―「不安・悩み」に関する調査　東京女子大学学生相談室報告書, *1*, 3-42.

早川由美・森やよい (2011). 「何でも相談窓口」型学生支援活動の在り方　学生相談研究, *32*, 48-59.

Hess, T. R., & Tracey, T. J. G. (2013). Psychological help-seeking intention among college students across three problem areas. *Journal of Counseling & Development, 91*, 321-330.

久田　満 (2000). 社会行動研究2：援助要請行動の研究　下山晴彦（編）臨床心理学研究の技法（pp. 164-170）福村出版

久田　満・山口登志子 (1986). 大学生のカウンセリングを受けることに対する態度について（Ⅰ）―態度尺度の作成―　日本教育心理学会第28回総会発表論文集, 956-957.

本田真大 (2015). 援助要請のカウンセリング―「助けて」と言えない子どもと親への援助　金子書房

堀野　緑・森　和代 (1991). 抑うつとソーシャルサポートとの関連に介在する達成動機の要因　教育心理学研究, *39*, 308-315.

飯田順子・田村節子・山口正寛 (2013). 大学における担任の援助活動モデルの生成―担任による援助サービスの実践を通して　日本教育心理学会第55回総会発表論文集, 240.

池田忠義・吉武清實 (2005). 予防教育としての講義「学生生活概論」の実践とその意義　学生相談研究, *26*, 1-12.

池田忠義・吉武清實・仁平義明・山中　亮・佐藤静香 (2004). 東北大学における学生支援としての予防教育　東北大学教育研究センター年報, *11*, 45-54.

今田里佳・須々木真紀子・関根たまえ・田村節子・大関健道・小野瀬雅人・石隈利紀 (1999). 中学生・高校生のもつ悩みに関する学校心理学的研究（1）―学習，心理・社会，進路，健康の側面から―　日本教育心理学会第41回総会発表論文集, 564.

Ina, M., & Morita, M. (2015). Japanese university students' stigma and attitudes toward seeking professional psychological help. *Online Journal of Japanese Clinical Psychology, 2*, 10-18.

一般社団法人日本私立大学連盟 (2015). 私立大学学生生活白書2015　一般社団法人日本私立大学連盟 Retrieved from http://www.shidairen.or.jp/download/?file_id=2912&ext=.pdf（2016年12月15日）

石隈利紀 (1999). 学校心理学―教師・スクールカウンセラー・保護者のチームによる心理教育的援助サービス　誠信書房

引用文献

伊藤直樹（2006）．学生相談機関のイメージおよび周知度と来談意思の関係　心理学研究，*76*，540-546．

伊藤直樹（2011）．学生相談機関のガイダンスの効果に関する研究―学生相談機関のガイダンスと周知度・来談意思・学生相談機関イメージの関係　学生相談研究，*31*，252-264．

伊藤直樹（2014）．学生相談機関の類型化および発展に寄与する要因に関する研究　心理臨床学研究，*32*，461-471．

岩田淳子・林　潤一郎・佐藤　純・奥野　光（2016）．2015年度学生相談機関に関する調査報告　学生相談研究，*36*，209-262．

Jorm, A. F. (2000). Mental health literacy: Public knowledge and beliefs about mental disorders. *British Journal of Psychiatry, 177*, 396-401.

Kahn, J. H., & Williams, M. N. (2003). The impact of prior counseling on predictors of college counseling center use. *Journal of College Counseling, 6*, 144-154.

金沢吉展・山賀邦子（1998）．大学のカウンセリング・サービスに対する学生のニーズとその構造―上智大学新入生を対象としたニーズサーベイの結果から―　学生相談研究，*19*，33-44．

河合輝久（2016a）．大学生は身近な友人の心理的問題をどのように見過ごすか―友人の抑うつ症状の見過ごしに関する質的研究　学生相談研究，*37*，12-26．

河合輝久（2016b）．大学生は身近な友人の心理的問題にどのように対応するか―抑うつ症状に対する初期対応の生起過程モデルの生成　教育心理学研究，*64*，376-394．

河野和明（2000）．自己隠蔽尺度（Self-Concealment Scale）・刺激希求尺度・自覚的身体症状の関係　実験社会心理学研究，*40*，115-121．

川崎　隆・古川真由美・田中崇恵・江上奈美子・慶野遥香・高野　明（2016）．学生相談活動における評価方法に関する研究の概観　学生相談研究，*36*，197-208．

川島啓二（2014）．「はじめに～学生支援の最新動向と今後の展望～　独立行政法人日本学生支援機構（編）．学生支援の最新動向と今後の展望―大学等における学生支援の取組状況に関する調査（平成25年度）より　pp. 1-6. Retrieved from http://www.jasso.go.jp/about/statistics/torikumi_chosa/__icsFiles/afieldfile/2015/12/08/h25torikumi_houkoku.pdf（2016年12月15日）

Kelly, A. E., & Achter, J. A. (1995). Self-concealment and attitudes toward counseling in university students. *Journal of Counseling Psychology, 42*, 40-46.

Kesseler, R. C., Andrews, G., Colpe, L. J., Hiripi, E., Mroczek, D. K., Normand, S. L.,

Walters, E. E., & Zaslavsky, A. M. (2002). Short screening scales to monitor population prevalences and trends in nonspecific psychological distress. *Psychological Medicine, 32*, 959-976.

木村真人 (2005). 学生相談機関の名称と被援助志向性との関連 東京成徳大学研究紀要, *12*, 11-17.

木村真人 (2006). 大学生の学生相談への被援助志向性と援助サービスの形態との関連 東京成徳大学研究紀要, *13*, 63-68.

木村真人 (2007). わが国の学生相談に対する援助要請研究の動向 東京成徳大学人文学部研究紀要, *14*, 35-50.

木村真人 (2008). 第Ⅳ章インターベンション 20 援助要請行動 國分康孝 (監修) カウンセリング心理学事典 (pp. 241-243.) 誠信書房

木村真人 (2009). 友人にカウンセリングの利用を勧める行動を抑制する要因の検討—女子学生を対象とした場面想定法の自由記述データの分析— 日本カウンセリング学会第42回大会発表論文集, 163.

木村真人 (2014). わが国の学生相談領域における援助要請研究の動向と課題—2006年から2012年を対象として 国際研究論叢, *27*(3), 123-142.

木村真人・水野治久 (2009). 女子短期大学生の学生相談室に対する利用の意識と友人に利用を勧める意識の関連 CAMPUS HEALTH, *46*(2), 179-184.

小林雅之 (編) (2014). 大学における IR (インスティテューショナル・リサーチ) の現状と在り方に関する調査研究報告書 東京大学

小島佐恵子 (2014). 大学等における学生支援に関する組織の現状—学校種・設置者等の機関属性に着目して 独立行政法人日本学生支援機構 (編). 学生支援の最新動向と今後の展望—大学等における学生支援の取組状況に関する調査 (平成25年度) より pp. 17-28. Retrieved from http://www.jasso.go.jp/about/statistics/torikumi_chosa/__icsFiles/afieldfile/2015/12/08/h25torikuto_houkoku.pdf (2016年12月15日)

Komiya, N., Good, G. E., & Sherrod, N. B. (2000). Emotional openness as a predictor of college students' attitudes toward seeking psychological help. *Journal of Counseling Psychology, 47*, 138-143.

河野美江・早瀬眞知子・寺脇玲子 (2013). 「気になる学生」調査をきっかけとした学生支援—教員と連携した学生相談の取り組み 学生相談研究, *34*, 23-35.

窪田由紀・川北美輝子・松尾温夫・荒木史代 (2001). キャンパス・トータル・サポート・プログラムの展開に向けて—大学コミュニティ全体への統合的アプロー

チの試み── 学生相談研究, *22*, 227-238.

Kuhl, J., Jarkon-Horlick, L., & Morrissey R. F. (1997). Measuring barriers to help-seeking behavior in adolescents. *Journal of Youth and Adolescence*, *26*, 637-651.

Kushner, M. G., & Sher, K. J. (1989). Fear of psychological treatment and its Relation to mental health service avoidance. *Professional Psychology: Research and Practice*, *20*, 251-257.

Lannin, D. G., Vogel, D. L., Brenner, R. E., & Tucker, J. R. (2015). Predicting self-esteem and intentions to seek counseling: The internalized stigma model. *The Counseling Psychologist*, *43*, 64-93.

Larson, D. G. & Chastain, R. L. (1990) Self-concealment; Conceptualization measurement, and helth implications. *Journal of Social and Clinical Psychology*, *9*, 439-455.

Latané, B. & Darley, J. M. (1970). *The unresponsive by stander: Why doesn't he help?* Englewood Cliffs, N. J.: Prentice-Hall. (竹村研一・杉崎和子（訳）1997 冷淡な傍観者─思いやりの社会心理学　新装版　ブレーン出版)

Li, W., Dorstyn, D. S., Denson, L. A. (2014). Psychosocial correlates of college students' help-seeking intention: A meta-analysis. *Professional Psychology: Research and Practice*, *45*, 163-170.

Mackenzie, C. S., Erickson, J., Deane, F. P., & Wright, M. (2014). Changes in attitudes toward seeking mental health services: A 40-year cross-temporal meta-analysis. *Clinical Psychology Review*, *34*, 99-106.

Markus, H, R., & Kitayama, S. (1991). Culture and self: Implications for cognition, emotion, and motivation. *Psychological Review*, *98*, 224-253.

Marsh, C. N., & Wilcoxon, A. (2015). Underutilization of mental health services among college students: An examination of system-related barriers. *Journal of College Student Psychotherapy*, *29*, 227-243.

松井　豊・浦　光博（編者）（1998）．人を支える心の科学　誠信書房

松永裕希・東原文子・高橋知音・横島義昭・石隈利紀（2006）．学校心理学の発想と実践（日本学校心理学会第7回大会シンポジウム）学校心理学研究, *6*, 67-83.

Meilman, P. W. (2016). Pressures we face in running counseling centers on college and university campuses. *Journal of College Student Psychotherapy*, *30*, 7-11.

三浦美智子・横島義昭・難波博子・小野瀬雅人・石隈利紀（1999）．中学生・高校生

のもつ悩みに関する学校心理学的研究（2）―学習，心理・社会，進路，健康の側面から― 日本教育心理学会第41回総会発表論文集，565.
水野治久（2007）．中学生が援助を求めるときの意識・態度に応じた援助サービスシステムの開発 科学研究費補助金（基盤研究C（1）） 研究成果報告書（課題番号16530423）
水野治久・今田里佳（2001）．大学生の援助に対する不安と被援助志向性に関する研究 日本心理臨床学会第20回大会研究発表集，233.
水野治久・石隈利紀（1999）．被援助志向性，被援助行動に関する研究の動向 教育心理学研究，*47*，530-539.
水野治久・石隈利紀・田村修一（2006）．中学生を取り巻くヘルパーに対する被援助志向性に関する研究―学校心理学の視点から― カウンセリング研究，*39*，17-27.
最上澄枝・金子糸子・佐藤哲康・布施昌子・市来真彦（2008）．自ら助けを求めず潜在している学生に対する学内協働による取り組み―欠席過多学生対応プロジェクトを通して 学生相談研究，*28*，214-224.
文部科学省（2017）．平成29年度学校基本調査（速報値）の公表について（報道発表） 文部科学省 Retrieved from http://www.mext.go.jp/component/b_menu/other/__icsFiles/afafafield/2016/08/04/1375035_1.pdf（2017年9月15日）
文部省高等教育局・大学における学生生活の充実に関する調査研究会 2000 大学における学生生活の充実方策について（報告）―学生の立場に立った大学づくりを目指して― 文部省
武蔵由佳・箭本佳己・品田笑子・河村茂雄（2012）．大学生における学校生活満足感と精神的健康との関連の検討 カウンセリング研究，*45*，165-174.
Nadler, A.（1997）. Personality and help seeking: Autonomous versus dependent seeking of help. Pierce, G. R., Lakey, B., Sarason, I. G., & Sarason, B. R.（Eds.）, *Sourcebook of social support and personality*.（pp. 379-407）. New York: Plenum Press.
Nadler, A.（1998）. Relationship, esteem, and achievement perspectives on autonomous and development help seeking. In Karabenick, S. A.（ed.） *Strategic Help Seeking: Implications for learning and teaching*.（pp. 61-93）. Lawrence Erlbaum Associates, Inc.: Mahwah.
永井 智（2010）．大学生における援助要請意図―主要な要因間の関連から見た援助要請意図の規定因― 教育心理学研究，*58*，46-56.

永井　智（2013）．援助要請スタイル尺度の作成―縦断調査による実際の援助要請行動との関連から　教育心理学研究, *61*, 44-55.

永井　智（2017）．これまでの援助要請・被援助志向性研究　水野治久（監修）永井智・本田真大・飯田敏晴・木村真人（編）援助要請と被援助志向性の心理学―困っていても助けを求められない人の理解と援助（pp. 14-22）金子書房

永井　智・新井邦二郎（2013）．ピア・サポートトレーニングが中学生における友人への援助要請に与える影響の検討　学校心理学研究, *13*, 65-76.

永井　智・水野治久・木村真人（2014）．わが国における心理的援助要請に関するメタ分析（3）―性差に関する検討 日本心理学会第78回大会発表論文集, 383.

中川幸子（2003）．面接につながらない学生のE-mailによる援助　学生相談研究, *24*, 1-11.

中岡千幸・兒玉憲一（2009）．大学生用援助要請意図尺度の作成の試み　総合保健科学（広島大学保健管理センター研究論文）, *25*, 11-17.

中岡千幸・兒玉憲一・栗田智未（2012）．カウンセラーのビデオ映像が学生の援助要請意識に及ぼす影響の実験的検討　学生相談研究, *32*, 219-230.

Nam, S. K., Choi, S. I., Lee, J. H., Lee, M. K., Kim, R., & Lee, S. M.（2013）. Psychological factors in college students' attitudes toward seeking professional psychological help: A meta-analysis. *Professional Psychology: Research and Practice*, *44*, 37-45.

日本学生相談学会（2013）．学生相談機関ガイドライン　日本学生相談学会

日本学生相談学会特別委員会（1998）. 1997年度学生相談機関に関する調査報告　学生相談研究, *19*, 81-112.

Nir, Y., & Culter, R.（1978）. The unmotivated patient syndrome: Survey of therapeutic interventions. *American journal of psychiatry*, *135*, 442-447.

西山　修・谷口敏代・樂木章子・津川美智子・小西寛子（2005）．学生相談室の利用促進に向けた取り組みとその効果の検討―学生のニーズと認知度を中心に―　岡山県立大学短期大学部研究紀要, *12*, 87-96.

大畠みどり・久田　満（2010）．心理専門職への援助要請に対する態度尺度の作成：信頼性と妥当性の検討　コミュニティ心理学研究, *13*, 121-132.

岡　伊織・鉾谷　路・山崖俊子（2010）. University Personality Inventory（UPI）高得点者が抱える潜在的ニーズ―呼出面接事例を通しての検討―　学生相談研究, *31*, 146-156.

Oliver, J. M., Reed, K. S., & Smith, B. W.（1998）. Patterns of psychological problems in university undergraduates: Factor structure of symptoms of anxiety and depression, physical symptoms, alcohol use, and eating problems. *Social Behavior and Personality, 26*, 211-232.

大山泰宏（1997）．高等教育論から見た学生相談　京都大学高等教育研究, *3*, 46-63.

Phillips, M. A. & Murrell, S. A.（1994）. Impact of psychological and Physical health, stressful events, and social support on subsequent mental health help seeking among older adults. *Journal of Consulting and Clinical Psychology, 62*, 270-275.

プール学院大学（2011）．発達障害を有する学生に対する支援活動　2010年度（最終年度）報告書　プール学院大学

Raviv, A., Raviv A., Vago-Gefon, I., & Fink, A. S.（2009）. The personal service gap: Factors affecting adolescents' willingness to seek help. *Journal of Adolescence, 32*, 483-499.

Rickwood, D. J., & Braithwaite, V. A.（1994）. Social-psychological factors affecting help-seeking for emotional problems. *Social Science and Medicine, 39*, 563-572.

Rickwood, D., & Thomas, K.（2012）. Conceptual measurement framework for help-seeking for mental health problems. *Psychology Research and Behavior Management, 5*, 173-183.

Robbins, J. M.（1981）. Lay attribution of personal problems and psychological help-seeking. *Social Psychiatry, 16*, 1-9.

Rosenberg, M.（1965）. *Society and the adolescent self image*. Princeton, NJ: Princeton University Press.

齋藤憲司（2002）．学生相談―最近の動向1999～2001―　学生相談研究, *23*, 105-114.

Sakamoto, S., Tanaka, E., Neichi, K., & Ono, Y.（2004）. Where is help sought for depression or suicidal ideation in an elderly population living in a rural area of Japan? *Psychiatry and Clinical Neurosciences, 58*, 522-530.

坂本真士・田中江里子・豊川恵子・大野　裕（2001）．地域における高齢者のうつ病および自殺の早期発見・早期治療に関する研究―地域住民はうつ病をどう認知し，だれに援助希求するのか―　安田生命社会事業団研究助成論文集, *37*, 161-168.

櫻井信也・有田モト子（1994）．SD法による学生相談センターに関するイメージの測定　学生相談研究, *15*, 10-17.

Salisbury, H. (1972). Counseling center name and type of problems referred. *Journal of Counseling Psychology, 19*, 351-352.

佐藤 純（2008）．大学生の援助資源の利用について―学生相談におけるセルフヘルプブック利用という視点から― 筑波大学発達臨床心理学研究，*19*, 35-43.

佐藤 純・山川百合子・渡辺尚子・工藤典雄（2015）．医療系大学における学生相談室に対する認識と援助要請に関する研究 CAMPUS HEALTH, *52*(2), 125-130.

Saunders, S., & Bowersox, N. (2007). The process of seeking treatment for mental health problems. *Mental Health and Learning Disabilities Research and Practice, 4*, 99-123.

Sharkin, B. S. (2004). College counseling and studnet retention: Research findings and implications for counseling centers. *Journal of College Counseling, 7*, 99-108.

Sieveking, N. A., & Chappell, J. E. (1970). Reactions to the name "Counseling Center" and "Psychological Center". *Journal of Counseling Psychology, 20*, 386-387.

嶋 信宏（1991）．大学生のソーシャルサポートネットワークの測定に関する一考察 教育心理学研究，*39*, 440-447.

嶋 信宏（1992）．大学生におけるソーシャルサポートの日常生活ストレスに対する効果 社会心理学研究，*7*, 45-53.

Snyder, J. F., Hill, C. E., & Derksen, T. P. (1972). Why some students do not use university counseling facilities. *Journal of Counseling Psychology, 19*, 263-268.

Spendelow, J. S., & Jose, P. E. (2010). Does the optimism bias affect help-seeking intentions for depressive symptoms in young people? *The Journal of General Psychology, 137*, 190-209.

Stefl, M. E., & Prosperi, D. C. (1985). Barriers to mental health service utilization. *Community Ment Health Journal, 21*, 167-178.

Sulkowski, M. L., & Joyce, D. (2012). School psychology goes to college: The emerging role of school psychology in college communities. *Psychology in the School, 49*, 809-815.

高野 明（2004）．第11章 援助要請行動―利用者からみた臨床心理サービス 下山晴彦（編）臨床心理学の新しいかたち 心理学の新しいかたち第9巻（pp. 205-218.）誠信書房

高野　明・宇留田　麗（2002）．援助要請行動から見たサービスとしての学生相談　教育心理学研究，*50*，113-125．

高野　明・宇留田　麗（2004）．学生相談活動に対する援助要請のしやすさについての具体的検討―援助要請に関する利益とコストの認知との関連から―　学生相談研究，*25*，56-68．

高野　明・吉武清實・池田忠義・佐藤静香・関谷佳代（2007）．学生相談機関への援助要請行動のプロセスに関する探索的研究　東北大学高等教育開発推進センター紀要，*2*，157-164．

高野　明・吉武清實・池田忠義・佐藤静香・長尾裕子（2014a）．初年次講義『学生生活概論』受講学生の援助要請態度に対する介入の試み　東北大学高等教育開発推進センター紀要，*9*，51-57．

高野　明・吉武清實・池田忠義・佐藤静香・長尾裕子（2014b）．学生相談機関への来談学生の援助要請プロセスに関する研究　学生相談研究，*35*，142-153．

高野　明・吉武清實・池田忠義・佐藤静香・関谷佳代（2008）．学生相談に対する援助要請の態度と学生相談に関して求める情報の関係　学生相談研究，*28*，191-201．

田中生雅（2014）．大学生の抑うつ傾向とセルフケアに関する検討　CAMPUS HEALTH，*51*(2)，199-204．

樽木靖夫・馬場千秋・榊原健太郎・橋口剛夫・倉山智春・大日向　浩（2014）．学生支援におけるチーム援助コーディネーター養成研修についての報告　帝京科学大学紀要，*10*，273-277．

Tessler, R. C., & Schwartz, S. H. (1972). Help seeking, self-esteem, and achievement motivation: An attributional analysis. *Journal of Personality and Social Psychology, 21*, 318-326.

Tinsley, H. E. A., & Harris, D. J. (1976). Client expectations for counseling. *Journal of Counseling Psychology, 23*, 173-177.

富永ちはる（2011）．ひきこもり・不登校となった学生の復学援助―閉ざした心を再び開かせたチーム援助―　大学と学生，*89*，32-40．

Uchida, C. & Uchida, M. (2017). Characteristics and risk factors for suicide and deaths among college students: A 23-year serial prevalence study of data from 8.2 million Japanese college students. *Journal of Clinical Psychiatry, 78*:4, e404-e412.

内野悌司（2003）．広島大学ピア・サポート・ルームの初年度の活動に関する考察

学生相談研究, *23*, 233-242.

梅垣佑介 (2011). うつ病患者はうつ病をどのように捉えて受診に至るのか―受診前の病識形成プロセスに関する質的研究 臨床心理学, *11*, 383-395.

梅垣佑介 (2014). うつと援助をつなぐ―援助資源マッチングに向けた臨床心理学研究 東京大学出版会

梅垣佑介・木村真人 (2012). 大学生の抑うつ症状の援助要請における楽観的認知バイアス 心理学研究, *83*, 430-439.

梅垣佑介・末木 新 (2012). 抑うつ症状に関する援助希求行動における楽観的認知バイアスとその関連要因 精神医学, *54*, 287-296.

宇留田 麗・高野 明 (2003). 心理相談と大学教育のコラボレーションによる学生相談のシステム作り 教育心理学研究, *51*, 205-217.

Van Brunt, B. (2008). Retention and college counseling centers. *Recruitment and Retention in Higher Education, 22*(5), 1-3.

Vogel, D. L., Wade, N. G., & Hackler, A. H. (2007). Perceived public stigma and the willingness to seek counseling: The mediating roles of self-stigma and attitudes toward counseling. *Journal of Counseling Psychology, 54*, 40-50.

Vogel, D. L., Wade, N. G., Wester, S. R., Larson, L., & Hackler, A. H. (2007). Seeking help from a mental health professional: The influence of one's social network. *Journal of Clinical Psychology, 63*, 233-245.

Vogel, D. L., & Wei, M. (2005). Adult attachment and help-seeking intent: The mediating role of psychological distress and perceived social support. *Journal of Counseling Psychology, 52*, 347-357.

和田 実 (1992). 大学新入生の心理的要因に及ぼすソーシャルサポートの影響 教育心理学研究, *40*, 386-393.

Wade, N. G., Post, B. C., Cornish, M. A., Vogel, D. L., & Tucker, J. R. (2011). Predictors of the change in self-stigma following a single session on group counseling. *Journal of Counseling Psychology, 58*, 170-182.

Wilson, C. J., Deane, F. P., Ciarrochi, J., & Rickwood, D. (2005). Measuring help-seeking intentions: Properties of the general help-seeking questionnaire. *Canadian Journal of Counseling, 39*, 15-28.

山本真理子・松井 豊・山成由紀子 (1982). 認知された自己の諸側面の構造 教育心理学研究, *30*, 64-68.

吉川あゆみ (2016). 聴覚障害学生の意思表明とその支援（第4版）PEPNet-Japan

TipSheet 23 日本聴覚障害学生高等教育支援ネットワーク Retrieved from http://www.tsukuba-tech.ac.jp/ce/xoops/file/TipSheet/2016/23-yoshikawa.pdf（2016年12月15日）

吉武清實（2005）．改革期の大学教育における学生相談—コミュニティ・アプローチモデル— 教育心理学年報, *44*, 138-146.

吉武清實・池田忠義（2004）．大学コミュニティへの学生相談的アプローチ—面接室から踏み出す積極的支援の試み— 大学と学生, *476*, 54-57.

吉武久美子（2012）．学生相談室利用促進のための取り組みとその効果についての実証的検討 学生相談研究, *32*, 231-252

Zung, W. W.（1969）. A cross-cultural survey of symptoms in depression. *American Journal of Psychiatry, 126,* 116-121

資　　料

【研究9で作成された冊子】

学生相談機関の
上手な活用の仕方

大学生のための
セルフヘルプ・ブック
Vol. 1

はじめに

　本冊子は，大学生のみなさんが，大学生活を送る中で悩みや問題を抱えたときに，気軽に活用できて，その悩みや問題を乗り越えるために役立つツールの一つとなるように願って，心理学の知見をもとに作成したものです。

　さてVol.1のテーマは「学生相談機関の上手な活用の仕方」です。自分一人で解決できない問題を抱えた際に，周囲からのサポートを上手に利用するのも，大切な問題解決の方法の一つです。ただ誰かに助けを求めるのは，言葉でいうほど簡単なことではないことが，心理学の研究で明らかとなっています。

　そこで，助けを求めることがなぜ難しいのか，そして大学の学生相談機関を上手に活用するにはどうすればよいのか，心理学の研究結果に基づき，そのヒントをまとめました。多くの人にとって，役立つツールになることを願っています。

　　　　　　　　　　　　　　　　　　木村　真人

1. 学生相談ってなに（Q＆A）？

Q 学生相談機関ってなに？どんなことをしているの？

A 多くの学校では，専門のカウンセラーや大学の先生が，学生のみんなが抱える悩みや問題に対して相談にのっているのよ。

Q 僕の大学にも学生相談機関はあるのかな？

A 2012年度の調査によると調査回答校のうち93.1％の学校に学生相談機関が設置されているわ[1]。

Q みんな，どんな悩みを相談しているの？

A 人間関係のこと，家族関係のこと，大学での勉強のこと，進路のことなど，いろいろな悩みで相談に来ているわよ。

Q 利用することのメリットって何だろう？

A 専門のカウンセラーに相談できるし，相談したこと内容の秘密は守られるから，安心して相談できるのよ。

Q 在学生のうちどのくらいの学生が利用しているのかな？

A 学生の来談率は全国平均で5.3％という結果が出ているので，100人に5人くらいの割合で学生相談機関を利用しているようね[1]。

各大学によって学生相談機関の名称やサービスの内容などは様々よ

2. 悩みが生じてから相談に至るまで

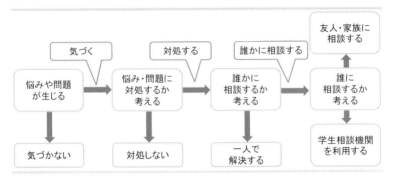

悩みや問題を抱えたら，私はいつも家族や友達に相談するけど，専門家に相談するのはハードルが高いな・・・

僕は，誰かに悩みを相談するのは恥ずかしいな。友達や家族には話しづらいこともあるんだよな…。誰かに相談するのって，なんだか抵抗があるな。

そうなの。悩みを誰かに相談するのって，私たちが思っている以上に，難しいことなのよね。だからなぜ相談することが難しいのかを知っておくことは大切ね。

悩みや問題が生じてから，誰かに相談するまでには，いくつかの段階があって，その都度，意思決定を行ってます。各段階での意思決定には様々な要因が影響しているんだ[2]。ここに相談することの難しさを理解するヒントがあるんだよ。

2-1. 悩みや問題が生じる

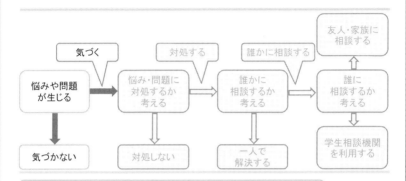

➡ 悩みや問題に気がつくと・・・

☐ 悩みや問題への対処を考える段階に進みます。

✓ 周囲から指摘されると，抱える悩みや問題の深刻さに気づきやすいようです[3]。

✓ 悩みや問題が深刻なほど，気づきやすい傾向があります[2]。

➡ 悩みや問題に気がつかないと・・・

☐ その悩みや問題はそのままになります。

✓ 抑うつの症状は，本人は気づきづらいようです[3]。

✓ 気がつかないことで，悩みや問題が深刻になったり悪化することがあります。

自分が抱えている問題や悩みが普通のことなのか，そうではないのか，判断するのは難しいわ。友達や家族から，言われて，自分が悩んでいたり問題を抱えていることに気づくこともあるわ。

4

2-2. 悩みへの対処を考える

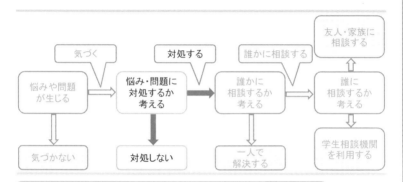

▶ 悩みや問題に対処しようと決めると・・・

- ☐ 対処方法を考える段階に進みます。
- ✓ 抱える悩みや問題が深刻なほど，対処方法を考える段階に進む傾向があります[2]。

▶ 悩みや問題に対処しないと決めると・・・

- ☐ 悩みや問題に気づいても，特に対処をしない場合もあります。
- ✓ 私たちは，自分自身が抱える悩みや問題を，楽観的に捉える傾向があります[4]。深刻さを低く見積もったり，予後を楽観的に評価することで，抱える悩みや問題に対処しないことにつながります。

悩みや問題が，時間がたてば自然と解決するのか，あるいは何らかの対処をした方がいいのか，判断するのは難しいな。周りの人が気づいてあげることも大切だね。

2-3. 誰かに相談するか考える

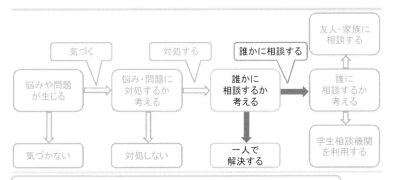

➡ 誰かに相談することが必要だと判断すると・・・

☐ 誰に相談するかを考える段階に進みます。

✓ 男性よりも女性の方が，悩みを抱えた時に誰かに相談することを検討する傾向があります[2]。

✓ 身近な人からサポートを得られると感じているほど，誰かに相談することを検討する傾向があります[2]。

➡ 誰かに相談する必要はないと判断すると・・・

☐ 自分一人の力で解決しようとします。

✓ 女性よりも男性の方が，悩みを自分一人で解決しようとする傾向があります[2]。

✓ 自分一人で解決できない場合には，誰かに相談する，という選択肢を考えることも大切です。

自分の力で解決したいって気持ちもあるわ。本やwebサイトには，さまざまな有効な対処方法の情報が載っているわね。誰かに相談するのも，大事な対処方法のひとつだわ。

2-4. 身近な人に相談する

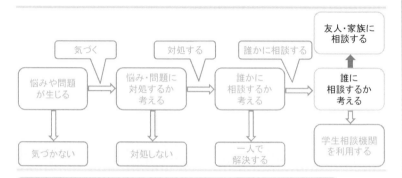

▶ 友人・家族に相談することを決めると・・・

☐ 友人・家族に相談する段階に進みます。

✓ 友人・家族からサポートを受けられると感じている人ほど，友人・家族に相談しようとする傾向があります[2,5]。

✓ 大学生は，専門家よりも身近な人を相談相手として好む傾向があります[6]。

▶ 友人・家族に相談すると決めたとしても・・・

☐ 実際に相談できないことがあります。

✓ 友人・家族からサポートを受けられると感じている人ほど，実際に友人・家族に相談する傾向があります[2]。

✓ 自分のプライベートな情報を隠そうとする傾向の強い人は，友人や家族に相談することに抵抗を感じる傾向があります[6]。

やっぱり友達や家族とか身近な人だと相談しやすいな。でも，身近な人だからこそ，相談しづらいこともあるんだよな。心配かけたくないって気持ちもあるし。

2-5. 学生相談機関を利用する

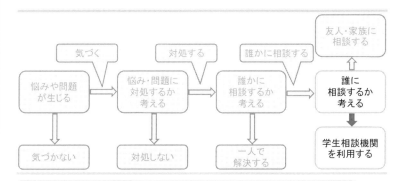

▶ 学生相談機関を利用することを決めると・・・

☐ 学生相談機関を利用する段階に進みます。

✓ 専門的な心理的援助を受けることを肯定的に捉えているほど，学生相談機関を利用しようと考える傾向があります[2,7]。

✓ 学生相談機関を利用することのメリットを評価しているほど，学生相談機関を利用しようと考える傾向があります[8]。

✓ 周囲から利用を勧められたり，利用することに周囲が賛成していると感じているほど，学生相談機関を利用しようと考える傾向があります[8,9]。

▶ 学生相談機関を利用しようと決めたとしても・・・

☐ 実際には利用できないことがあります[2]。

学生相談機関を利用するにあたって，多くの人が不安を感じているのよ。利用することのメリットを考えてみましょう。

8

3. あなたの大学の学生相談機関を調べよう

✓ 以下の内容について調べて，記入してみよう。

名称・場所・開室日時は？

- ✓ 名称：
- ✓ 場所：
- ✓ 開室日時：

利用方法・連絡先は？

- ✓ 予約の方法：
- ✓ 連絡先tel：
- ✓ 連絡先メール：

どんな相談に乗ってくれる？

- ✓ 相談内容：
- ✓ 相談方法：

スタッフはどんな人？

- ✓ 性別・年齢など：
- ✓ 資格の有無：

> 大学によって，相談機関の名称は様々ね。大学のHPには，利用方法やスタッフの紹介などが掲載されているところもあって，それを見ると安心して利用できるわ。

4. 充実した学生生活を送るために

✓ 充実した学生生活を送るために，悩みと上手に付き合っていきましょう。

学生相談機関の上手な活用の仕方

✓ 大学内には，困った時に相談したり質問できるさまざまな窓口があります。まずは利用しやすい・相談しやすい窓口や教職員に相談してみましょう。

✓ 「こんなこと相談してもいいのかな？」，「この悩みはどこに相談したらいいのかな？」と悩んだ時にも，まずは利用しやすい・相談しやすい窓口や教職員に相談してみましょう。

✓ 自分一人ではどうしたらいいかわからない時や悩みを解決できない時，また誰に相談したらいいかわからない時などは，学生相談機関をぜひ一度利用してみてください。

学外で利用できる相談機関

✓ 学外にも，こころの健康について相談できる公的な相談窓口があります。下記のHPをご覧ください。

HP：『こころもメンテしよう～若者を支えるメンタルヘルスサイト～』（厚生労働省）

http://www.mhlw.go.jp/kokoro/youth/index.html

＜topページ＞ ⇒ ＜困ったときの相談先＞

大学にある相談機関だから利用しやすいな。しかも無料だし。悩んだり，困ったときには，有効に利用して，大学生活をもっと充実させたいな。

学外にも相談できるところがあるのよ！

文献

1) 早坂浩志・佐藤純・奥野光・阿部千香子 2013 2012年度学生相談機関に関する調査報告 学生相談研究, 33, 298-320.
2) 木村真人・梅垣佑介・水野治久 2014 学生相談機関に対する大学生の援助要請行動のプロセスとその関連要因―抑うつと自殺念慮の問題に焦点をあてて― 教育心理学研究, 62, 173-186.
3) 梅垣佑介 2011 うつ病患者はうつ病をどのように捉えて受診に至るのか―受診前の病識形成プロセスに関する質的研究 臨床心理学, 11, 383-395.
4) 梅垣佑介・木村真人 2012 大学生の抑うつ症状の援助要請における楽観的認知バイアス 心理学研究, 83, 430-439.
5) 永井智 2010 大学生における援助要請意図―主要な要因間の関連から見た援助要請意図の規定因― 教育心理学研究, 58, 46-56.
6) 木村真人・水野治久 2004 大学生の被援助志向性と心理的変数との関連について―学生相談・友達・家族に焦点をあてて― カウンセリング研究, 37, 260-269.
7) 中岡千幸・兒玉憲一 2011 大学生の心理カウンセリングに対する援助要請不安尺度と援助要請期待尺度の作成 心理臨床学研究, 29, 486-491.
8) 木村真人・水野治久 2008 大学生の学生相談に対する被援助志向性の予測―周囲からの利用期待に着目して― カウンセリング研究, 41, 235-244.
9) 木村真人 2006 学生相談利用の勧めが被援助志向性に及ぼす影響―自尊感情,援助不安,学内支援者の観点から― CAMPUS HEALTH, 43(2), 113-118.

✓ 大学関係者の方が学生支援を目的とする場合には,この冊子を自由にご利用いただいて構いません。PDF版を送りますので,右記のメールアドレスまでご連絡ください。

✓ その他,本冊子に関わる問い合わせ・ご意見・ご感想などございましたら,ご連絡ください(個別のカウンセリング・相談は受け付けておりません)。

✓ 著作権は,作成者に帰属しています。

作成・発行:木村 真人
(大阪国際大学)
○○○○@○○○.com

本冊子はJSPS科研費 25780434(平成25-27年度 若手研究(B)「援助ニーズを持つ大学生の学生相談機関の利用を促す介入プログラムの開発と効果測定」)の助成を受けて作成されたものです。

あ と が き

　本書は著者の博士論文（東京成徳大学大学院，2007年），およびその後の学生相談に対する援助要請に関する一連の研究成果を追加し，再構成したものです。本書の研究の一部は，2013～2015年度科学研究費補助金若手研究（B）（課題番号：25780434），2016～2018年度科学研究費補助金若手研究（B）（課題番号：16K17347）の助成を受けました。また，本書の刊行に際しては，独立行政法人日本学術振興会平成30年度科学研究費助成事業（科学研究費補助金）（研究成果公開促進費）（課題番号：18HP5190）の交付を受けました。本書を構成する研究の初出文献は以下のとおりです。なお，本書の刊行に際し，一部を改変しました。日本教育心理学会，日本カウンセリング学会，日本心理臨床学会，全国大学保健管理協会，金剛出版，大阪国際大学・大阪国際大学短期大学部図書館からは転載の許可をいただきました。この場を借りてお礼申し上げます。

1．木村真人・水野治久（2004）．大学生の被援助志向性と心理的変数との関連について―学生相談・友達・家族に焦点をあてて―　カウンセリング研究，37(3)，260-269．【第4章：研究1】
2．木村真人・水野治久（2012）．学生相談に対する被援助志向性と援助不安の関連―性差に着目した検討　臨床心理学，12(1)，80-85．【第5章：研究2】
3．木村真人・水野治久（2008）．大学生の学生相談に対する被援助志向性の予測―周囲からの利用期待に着目して―　カウンセリング研究，41(3)，235-244．【第6章：研究3】
4．木村真人（2006）．学生相談利用の勧めが被援助志向性に及ぼす影響―自尊感情，援助不安，学内支援者の観点から―　CAMPUS HEALTH，43(2)，113-118．【第7章：研究4】
5．木村真人・水野治久（2010）．学生相談の利用を勧める意識に関連する要因の

検討　心理臨床学研究，28(2)，238-243．【第8章：研究5】
6．木村真人（2015）．大学生の学生相談利用におけるパーソナル・サービス・ギャップ―抑うつ症状の場面想定法を用いた検討　心理臨床学研究，33(3)，275-285．【第9章：研究6】
7．木村真人・梅垣佑介・水野治久（2014）．学生相談機関に対する大学生の援助要請行動のプロセスとその関連要因―抑うつと自殺念慮の問題に焦点をあてて―　教育心理学研究，62(3)，173-186．【第10章：研究7】
8．木村真人（2016）．大学生の抑うつ症状経験時の援助要請行動のプロセスと関連要因の検討　CAMPUS HEALTH，53(2)，133-138．【第11章：研究8】
9．木村真人（2016）．大学生の学生相談利用を促す心理教育的プログラムの開発―援助要請行動のプロセスに焦点を当てた冊子の作成と効果検証―　国際研究論叢，29(2)，123-137．【第12章：研究9】
10．木村真人（2017）．悩みを抱えていながら相談に来ない学生の理解と支援―援助要請研究の視座から―　教育心理学年報，56，186-201．【第14章】

　本書の一部を構成する博士論文（東京成徳大学大学院）においては，主査で博士後期課程の指導教員・故杉原一昭先生，副査で修士課程の指導教員・小林厚子先生，副査の市村操一先生に審査・ご指導を賜りました。東京成徳大学大学院の先生方から，臨床・研究・教育に取り組む姿勢や心構えを身をもって教えていただきました。心から感謝申し上げます。
　著者が大学生の学生相談に対する被援助志向性・援助要請という研究テーマに出会ったのは，修士課程1年の時でした。臨床心理士を目指し，修士論文の研究テーマを探しているときに，より自分自身にとって身近に感じられるテーマで研究したいと考えていました。そのような中で，自分自身が大学生だったときを振り返ってみると，もっとも身近に臨床心理士がいたであろう大学の学生相談室の存在を，まったく意識したことがないことに気づきました。学生相談室が存在していたことはなんとなくは知っていましたが，私自身にとってまったく身近なものではありませんでした。私自身，大学4年間の中で，さまざまな悩みや混乱を経験し，今思えば，そのときに学生相談

室を利用していれば，また違った経験ができていたのでは，などと考えてしまいます。そのような経験から，もしかしたら，悩みを抱えていながらも，そもそも大学に学生相談機関が存在することを知らなかったり，私のように，存在を知っていたとしても，利用しようという考えにつながらなかったり，あるいは，専門的な心理的援助を受けることに対して抵抗を感じて利用できない学生が存在するのではないかと思うに至りました。大学院生の時には，いかに専門的な心理的援助の技術を身につけるか，そのことばかりに意識が向いていました。しかし，そもそも，そのような技術も目の前に悩んだり，困ったりしている人がいなければ，生かすことができない。専門的な心理的援助を提供するまでのプロセスに着目することも重要なのではないか。

　このような問題意識のもと，先行研究を調べる中で，援助要請・被援助志向性というキーワードに出会いました。修士課程1年のときに，日本大学で開催された日本心理臨床学会の大会に初めて参加した際には，論文や書籍などで名前を見る諸先生方に圧倒され，ポスター発表でもただ遠くからポスターを眺めるだけで，被援助志向性に関する研究発表があったにもかかわらず，声をかけることができませんでした。後悔ばかりが募る中，修士論文の研究計画がまったく進まない中で，幸運にも，その後の私の研究，そしてキャリアの方向性を示し，導いてくださった水野治久先生（大阪教育大学）と出会うことができ，ご指導を頂く機会に恵まれました。この出会いがなければ，今日まで学生相談の援助要請研究を進めてくることはできず，今の自分はありません。初めて学会誌に論文を投稿した際には，お忙しい中，未熟な私の原稿に細かく，丁寧なご指摘を頂き，論文を掲載することができました。研究のいろはを教えていただきました。その後も今に至るまで，ご多忙にもかかわらず，公私にわたりサポートしていただいています。水野先生の研究・臨床・教育に取り組まれる姿から多くのことを学ばせていただいています。心より感謝申し上げます。

　援助要請研究会を一緒にスタートさせた，永井智先生（立正大学）・飯田敏

晴先生（立正大学）・本田真大先生（北海道教育大学）の存在は，研究のみならず，臨床実践の面でも，また同じ大学教員という面でも，そしてプライベートの面でもたくさんの刺激とサポートを頂いています。梅垣佑介先生（奈良女子大学）とは，援助要請の共同研究やワークショップをともに企画する機会をいただきました。その他の援助要請研究会メンバーの皆さんにも，たくさんの刺激と励ましをいただきました。本書を刊行するにあたっては，風間書房の風間敬子様に多大なサポートをいただきました。この場を借りてお礼を申し上げます。

　本研究において多くの大学生のみなさまに調査にご協力いただきました。この場を借りてお礼を申し上げるとともに，本書が，一人でも多くの大学生の充実した学生生活の一助となれば幸いです。

　最後に。援助要請が決して得意ではない私の不器用な援助要請を敏感に感じ取って常にサポートしてくれた両親，私のわがままを温かく見守ってくれている妻・娘，いつも支えてくれている家族へ。ありがとう。

2018年9月15日

木村　真人

【著者略歴】

木村真人（きむら　まさと）

1978年　東京都荒川区に生まれる
2001年　日本大学文理学部心理学科卒業
2003年　東京成徳大学大学院心理学研究科カウンセリング専攻修士課程修了
2007年　東京成徳大学大学院心理学研究科臨床心理学専攻博士後期課程修了
　　　　博士（心理学）

東京成徳大学人文学部福祉心理学科助手，東京成徳短期大学ビジネス心理科助教，東京都立東大和療育センター分園よつぎ療育園心理療法士，東京都新宿区落合保健センターデイケアグループワーカー，東洋学園大学学生相談室カウンセラー等で勤務。
現在　大阪国際大学・大阪国際大学短期大学部学生総合支援部学生相談室准教授，臨床心理士

主著に『援助要請と被援助志向性の心理学』(2017，金子書房，共編著)，「悩みを抱えていながら相談に来ない学生の理解と支援」(2017，教育心理学年報，56，単著)，「大学生の学生相談利用におけるパーソナル・サービス・ギャップ」(2015，心理臨床学研究，33，単著)などがある。

大学生の学生相談に対する援助要請行動
―援助要請研究から学生相談実践へ―

2018年10月31日　初版第1刷発行

著　者　　木　村　真　人

発行者　　風　間　敬　子

発行所　　株式会社　風　間　書　房
〒101-0051　東京都千代田区神田神保町1-34
電話 03(3291)5729　FAX 03(3291)5757
振替 00110-5-1853

印刷　藤原印刷　製本　高地製本所

©2018 Masato Kimura　　　　　　　　　　NDC分類：140
ISBN978-4-7599-2243-1　Printed in Japan

JCOPY 〈(社)出版者著作権管理機構　委託出版物〉
本書の無断複製は，著作権法上での例外を除き禁じられています。複製される場合はそのつど事前に(社)出版者著作権管理機構（電話 03-3513-6969, FAX 03-3513-6979, e-mail: info@jcopy.or.jp）の許諾を得て下さい。